CÓMO
ENFRENTAR MOMENTOS DIFÍCILES

SIXTO PORRAS

CÓMO

ENFRENTAR MOMENTOS DIFÍCILES

Y CONVERTIRLOS EN OPORTUNIDAD

WHITAKER
HOUSE
Español

Edición: Ofelia Pérez

Cómo enfrentar momentos difíciles
Y convertirlos en oportunidad
©2023 por Sixto Porras

ISBN: 979-8-88769-025-4 ◆ E-book: 979-8-88769-027-8
Impreso en los Estados Unidos de América.

Whitaker House
1030 Hunt Valley Circle
New Kensington, PA 15068
www.espanolwh.com

Por favor, envíe sugerencias sobre este libro a: comentarios@whitakerhouse.com.

1 2 3 4 5 6 7 8 9 10 11 � 30 29 28 27 26 25 24 23

DEDICATORIA

Este libro lo dedico a la memoria de mi mamá, quien partió con Dios hace más de 33 años. Mamá fue una mujer que sufrió desde su infancia porque era producto de una relación fuera del matrimonio y fue abandonada por su mamá. Creció en un ambiente donde tenía que trabajar desde niña y se sentía abusada.

Mamá se levantó de la adversidad, y sin tener una historia familiar positiva construyó una familia maravillosa. Mamá cortó la herencia de dolor que la había marcado y esto nos ha beneficiado a nosotros. Un día mi hermano menor dijo: "Qué extraño, cómo es que nosotros conociendo todo lo que sufrió mamá, y a quienes le hicieron daño, no podemos odiar". Cuando lo escuché, me di cuenta de que somos el fruto de una mujer que se levantó para hacer la diferencia.

Soy lo que soy porque tuve una madre valiente que nos guio a Dios y superó la adversidad. Por eso le dedico este libro a quien nunca se rindió.

AGRADECIMIENTOS

Agradezco a Dios con todo mi corazón, porque en los momentos difíciles renovó mis fuerzas, puso personas a mi lado para que me levantaran las manos y siempre ha sido misericordioso y compasivo. Agradezco a Dios por los amigos del camino, porque han sido soporte cuando más lo he necesitado. Este libro lo inspiran personas que me han enseñado que la adversidad saca a relucir lo que solo emerge cuando las fuerzas se han agotado. Doy gracias a Dios por mi familia, porque han sido el motor que me inspira y hemos estado juntos siempre.

ÍNDICE

1

NO TE PARALICES, ¡ACTÚA!

Todos enfrentamos y enfrentaremos momentos difíciles. Muchas veces la adversidad se presenta de manera inesperada. Algunas de las dificultades pueden ser temporales, o bien nos acompañarán por largos períodos de tiempo. La adversidad podría alterar el proyecto de vida que teníamos planeado o producir cambios inmediatos en nuestro estilo de vivir, pero siempre deja lecciones maravillosas porque nos acerca a Dios y nos permite descubrir ángeles en el camino. Lo mejor de todo es que en la adversidad conocemos a Dios de una forma diferente, profunda y personal.

Toda adversidad tiene solo una ruta, y es la de ser superada, pero normalmente, cuando nos sorprende la dificultad, ello genera un sentimiento de tristeza, desesperación, impotencia y, en primera instancia, hasta la negamos. Creemos que es un sueño y que pronto despertaremos de la pesadilla.

Solemos decir: "Nunca pensé que me sucedería esto a mí", "no comprendo por qué ocurre", "yo no merezco esto", "no sé qué hacer", "estoy desesperado y me siento solo", "creo que no podré superarlo".

En ese momento perdemos la esperanza, creemos que no saldremos adelante, tenemos una sensación de abandono y nos invaden el temor y la duda. Los pensamientos pierden objetividad y nos imaginamos lo peor, perdemos el sueño y esto produce un cansancio extremo que nos agobia. Sentimos que no tenemos voluntad para nada y vivimos una sensación de impotencia. Algunos hasta podrían desear morir porque sienten que las fuerzas les han abandonado, y es precisamente en medio de esta sensación de vacío que vamos a experimentar una paz que sobrepasa toda lógica, porque Dios nos sorprenderá con su presencia.

Los momentos difíciles pueden presentarse por la muerte repentina de un ser amado, el divorcio, la enfermedad, la pérdida del trabajo, dificultades económicas, o, incluso, puede ser que el temor a lo desconocido nos dé una sensación de inseguridad sin ningún fundamento.

Es natural que tengamos temor frente a la adversidad, pero esta sensación pasará conforme comencemos a levantarnos y a dar los pasos necesarios para volver a intentarlo. No significa que es fácil, pero lo que tenemos que hacer es resistir la tentación de abandonar lo que hemos sido llamados a hacer, y desistir de la actitud de culparnos o de menospreciarnos. Dios no se avergüenza de nosotros; nos ama, nos restaura y nos busca personalmente.

El temor que sentimos en medio de la adversidad no tiene nada que ver con debilidad o fracaso, es un sentimiento natural ante el momento difícil que enfrentamos. Sin embargo, sí es equivocado tomar decisiones apresuradas solamente por lo que sentimos. Tenemos que tomar el tiempo para vivir el duelo, llorar nuestro dolor, esperar que las emociones se tranquilicen, buscar el consejo de buenos amigos y de profesionales que nos acompañen. Debemos analizar las opciones que tenemos y comenzar a actuar conforme nos indica el sentido común, la lógica y la inteligencia. Dios nos dará nuevas ideas y en el dolor se renovarán nuestras fuerzas.

En la adversidad, si nos dejamos dominar por el dolor y los pensamientos negativos, surgen grandes desafíos que debemos vencer: la inactividad, la pasividad y el desgano. Estas actitudes nos hacen sentir miserables, derrotados, incapaces y nos roban las fuerzas. Sí, debemos llorar, tomar tiempo a solas para reflexionar, y sí nos vamos a sentir mal, angustiados, y aun desesperados, pero llega el momento donde debemos comenzar a caminar de nuevo, activar nuestra imaginación y recomponer nuestras vidas. La vida continúa y debemos volver a ver el mañana con esperanza.

ENFRENTANDO LOS PENSAMIENTOS NEGATIVOS

La manera en que pensamos es determinante para lo que hagamos… o no hagamos. Los pensamientos nos pueden dirigir a un precipicio o a una oportunidad de vida. No dejemos que los pensamientos negativos nos dominen; ellos no tienen vida propia, no se mandan solos, no nos pertenecen y no les pertenecemos: no somos una unidad con ellos, si no lo queremos. Pensar negativamente no nos conduce a nada, solo alimenta una actitud incorrecta, roba las fuerzas y nos aísla de quienes desean ayudarnos. Evitemos pensamientos tales como:

+ "De esta crisis no saldré".

+ "No tengo fuerzas para continuar".

+ "Le odiaré el resto de mi vida".

+ "Soy un fracasado".

+ "Siempre me pasa algo".

+ "Me vengaré de lo que me hicieron".

+ "Todo está en mi contra".

+ "No saldré de mi habitación".

+ "Si pido ayuda, creerán que soy débil".

1. PENSAR BIEN NOS AYUDA A ENFRENTAR LAS CRISIS

El pensamiento correcto, el que viene de parte de Dios, es el que nos recuerda que Él está al control de lo que estamos viviendo, y aumenta nuestra confianza para luchar por lo que amamos: ellos nos guían a un puerto seguro a pesar de la adversidad. Las cosas a nuestro alrededor pueden o no cambiar, pero no serán determinantes en cómo nos sentimos y nos vamos a conducir. Los pensamientos correctos cambian nuestra actitud, mejoran nuestro ánimo y nos dirigen al lugar correcto.

Debemos aprender a pensar correctamente, a hablar lo que fortalece nuestra fe y a alimentarnos de lo que fortalece nuestra fe. Por eso Pablo nos afirma: *Concéntrense en todo lo que es verdadero, todo lo honorable, todo lo justo, todo lo puro, todo lo bello y todo lo admirable. Piensen en cosas excelentes y dignas de alabanza. No dejen de poner en práctica todo lo que aprendieron y recibieron de mí, todo lo que oyeron de mis labios y vieron que hice. Entonces el Dios de paz estará con ustedes.* (Filipenses 4:8-9 NTV)

+ "Sé que saldré adelante porque ya lo he hecho antes, y Dios lo volverá a hacer".

+ "Decido perdonar y perdonarme".

+ "Me levantaré nuevamente".

+ "Lo voy a volver a intentar".

+ "Enfrentar momentos difíciles es normal y todos lo viven porque es parte de la vida".

+ "Buscaré ayuda y pediré consejo, no tengo nada de qué avergonzarme".

+ "Sé que saldré fortalecido y más cerca de Dios".

+ "Voy a confiar en Dios, aprovecharé cada oportunidad que se me presente y me dejaré ayudar por los que me extiendan una mano".

+ "Sé que todo ayuda para bien, y esta no será la excepción".

Todos vamos a vivir momentos difíciles, pero si clamamos a Dios veremos milagros y Él nos llevará a un lugar seguro. Así lo describe el Salmo 107:

> *Se hicieron a la mar en sus barcos; para comerciar surcaron las muchas aguas. Allí, en las aguas profundas, vieron las obras del SEÑOR y sus maravillas. Habló Dios, y se desató un fuerte viento que tanto encrespó las olas que subían a los cielos y bajaban al abismo. Ante el peligro, ellos perdieron el coraje. Como ebrios tropezaban, se tambaleaban; de nada les valía toda su pericia. **En su angustia clamaron al SEÑOR, y él los sacó de su aflicción. Cambió la tempestad en suave brisa: se sosegaron las olas del mar. Ante esa calma se alegraron, y Dios los llevó al puerto anhelado.***   (Salmos 107: 23-30)

2. NO SE DETENGA, AVANCE

Ante la crisis, perseveremos, levantémonos de nuevo y no nos etiquetemos como fracasados: es solo un reto que puedo superar.

A sus ocho años, Thomas Alva Edison regresó a casa llorando porque su maestro lo había descrito como un alumno "estéril e improductivo". Él recordaba este incidente, pero decidió sobreponerse con la ayuda de su madre. Edison, a quien se le atribuye la invención de la bombilla eléctrica, al parecer realizó más de dos mil experimentos antes de lograrlo (1879). Su taller se quemó, pocos le creían, pero perseveró, porque estaba convencido de lo que hacía.

Un periodista le cuestionó la razón del porqué de tantos fracasos. Ante esto, dio una respuesta que terminó convirtiéndose en una de sus frases más célebres: "No me equivoqué mil veces para hacer una bombilla, descubrí mil maneras de cómo no hacer una bombilla". Thomas Alva Edison fue empresario, inventor, emprendedor y patentizó más de mil inventos, nada lo detenía, y se levantó de cada adversidad que vivió. Él no se dejó etiquetar como alguien fracasado, ni dejó que la adversidad lo detuviera. Se levantó vez tras vez hasta ver realizado lo que su corazón le dictaba.

Debemos ser honestos con nosotros mismos y admitir nuestros defectos y las áreas en las que no somos buenos. Pero esto no debe detenernos, solo requiere de una alta dosis de humildad para permitirnos complementar por otros, y cambiar de dirección. Dios repartió los dones como Él quiso, y determinó que yo crezca cuando me permita complementar y acompañar por otros que comparten la misma pasión.

Hágase rodear por personas que le animen, le aconsejen y le acompañen en el proceso. Aprovechemos la ayuda que otros nos ofrecen, y no permitamos que el dolor de la traición nos convierta en personas resentidas, y terminemos lejos de quienes nos aman y creen en nosotros. Por eso, aunque sea normal experimentar sentimientos negativos, no nos dejemos dominar por las emociones, heridas, el dolor y la tristeza.

Desarrollemos una estrategia para salir de la crisis y celebremos los éxitos por pequeños que sean. Cada paso que damos nos indica que hemos vuelto a caminar. Cada éxito que vivimos, debemos verlo como un milagro de la mano de Dios.

De la adversidad saldremos fortalecidos, más cerca de Dios, con amigos del corazón y apreciando más la vida.

3. OPORTUNIDADES DE VIDA

Enfrentar la adversidad con determinación nos deja grandes beneficios como:

+ **Nos descubrimos.** Es en medio de los momentos difíciles cuando logramos conocernos mejor, porque tomamos tiempo para desarrollar nuestro diálogo interno y aprendemos a convivir en armonía con nosotros mismos. Muchas veces corremos y corremos, hacemos y hacemos, y no tenemos tiempo para reflexionar, pensar, analizar y para encontrarnos con nuestro ser interior. La adversidad nos inspira a conocernos mejor y abre el espacio para descubrir de qué madera estamos hechos.

+ **Nos revela fortalezas ocultas.** Hay inteligencias, habilidades y fortalezas que siempre hemos tenido, pero que solo emergen en medio de la adversidad. Lo que de repente nos daba miedo, por la necesidad aprendemos a enfrentarlo con valentía, ingenio y creatividad. Aún más, la vida nos sorprende ofreciéndonos espacio para brillar donde antes imaginamos que no podíamos.

♦ **Nos hace compasivos.** La adversidad nos convierte en personas más compasivas porque nos permite experimentar empatía, lo cual nos hace identificarnos con el que enfrenta dolor. Por eso en Lucas 22, cuando Jesús advierte a Pedro que le va a negar tres veces, le indica que cuando se levante de nuevo, afirme y anime a sus hermanos. Porque luego que experimentamos momentos difíciles, nos convertimos en personas más compasivas. Al mismo tiempo, Jesús le dice a Pedro que Él ha rogado al Padre para que tenga la fe suficiente para superar el momento difícil.

♦ **Nos acerca a los amigos y a la familia.** Es en medio de la adversidad que nos damos cuanta cuánto valen los amigos y la familia. En medio de la adversidad, muchos se marchan, otros nos dan la espalda, y solo los amigos de verdad y la familia permanecen cerca. Es en medio de los momentos difíciles cuando somos conscientes del gran tesoro que tenemos cerca. Por eso, déjese amar y acompañar por los que le aprecian.

Superamos la adversidad cuando nos atrevemos a soñar de nuevo y, en lugar de quedarnos atrapados en el pasado, levantamos la mirada hacia un mejor mañana. No podemos estigmatizarnos como personas fracasadas por lo que estamos viviendo. Lo que enfrentamos es transitorio y lo viven todas las personas. La actitud valiente y decidida es lo que hace la diferencia. El acercarse a las personas correctas y buscar consejo, nos anima y nos guía por el camino de la esperanza.

La adversidad no es sinónimo de fracaso, es una lección de vida, una oportunidad para levantarnos de nuevo y reinventarnos a nosotros mismos. La adversidad nos presenta un nuevo horizonte a descubrir, y desarrolla en nosotros habilidades ocultas que solo surgen en medio del esfuerzo y la tenacidad.

2

DIOS HABLA EN MEDIO DE LA CRISIS

En la época del profeta Jeremías, Israel se apartó de Dios y terminaron siendo dominados por Babilonia. El pueblo de Israel se había dividido en el reino del norte y el reino del sur, y se habían vuelto idólatras. Por eso Dios los entrega al dominio de los babilonios. Aunque el exilio se extendería por 70 años, Dios quería comunicar sus planes y el amor que le tiene a su pueblo. En medio de esta dura situación, Dios habla y guía a su pueblo para que sepan lo que deben hacer. Las fuerzas habían comenzado a declinar, los cantos se habían apagado y el dolor los había detenido, pero Dios habló por medio del profeta Jeremías y anunció los planes que tenía para ellos. Igual es hoy, podría haber cansancio, desánimo, frustración, confusión y dolor, pero Dios sigue en su trono y tiene planes para nosotros.

Entramos en crisis cuando le damos más crédito a las noticias que a lo que Dios dice. Perdemos el ánimo cuando pasamos más tiempo escuchando lo que otros dicen que escuchando a Dios.

Los noticieros, igual que cualquier negocio, buscan tener una audiencia cautiva, por eso utilizan el miedo para mantenernos atrapados en su novela desalentadora. Pregunté a un periodista la razón de por qué los noticieros dan más importancia a las noticias catastróficas, crímenes, muertes y accidentes, que a las buenas noticias. Me respondió con toda sinceridad: "es lo que vende y es lo que le gusta a la gente". Por lo tanto, los noticieros están diseñados para atraparnos, y lo logran cuando nos hacen adictos a las noticias malas. Esto tiene un efecto negativo en nuestro estado de ánimo, porque terminamos deprimidos, apesadumbrados y sin esperanza.

Por otro lado, nos sentimos deprimidos, aislados y sin ánimo si pasamos más de tres horas al día navegando en las redes sociales, lo que también puede conducirnos a convertirnos en adictos. Esto podría conducirnos a una crisis existencial significativa, porque nos desenfoca de nuestro propósito de vida, nos interrumpe el descanso y nos separa de los que tenemos cerca.

En medio de cualquier crisis, no podemos detenernos, debemos continuar viendo el mañana con esperanza, levantarnos cada día con el mejor ánimo y perseverar en hacer lo correcto en todo tiempo y lugar. Para seguir adelante, necesitamos que Dios nos hable y nos ayude a tener la perspectiva correcta frente a la vida.

Hay personas adictas a las crisis, porque les gusta que los demás les tengan lástima. Por eso toman la actitud de víctimas, pero esto no nos ayuda a superar los momentos difíciles. La única forma de superar las crisis es respondiendo con madurez, y esto implica asumir la responsabilidad que nos corresponde y poner en las manos de Dios lo que es imposible para nosotros.

Las crisis no tienen como meta dejarnos tirados en el camino, más bien es una oportunidad para ver a Dios más que nunca.

¿CUÁL DEBE SER NUESTRA ACTITUD EN MEDIO DE LAS CRISIS?

Así dice el SEÑOR Todopoderoso, el Dios de Israel, a todos los que he deportado de Jerusalén a Babilonia: «Construyan casas y habítenlas; planten huertos y coman de su fruto. Cásense, y tengan hijos e hijas; y casen a sus hijos e hijas, para que a su vez ellos les den nietos. Multiplíquense allá, y no disminuyan. Además, busquen el bienestar de la ciudad adonde los he deportado, y pidan al SEÑOR por ella, porque el bienestar de ustedes depende del bienestar de la ciudad».

(Jeremías 29:4-7)

1. En medio de una crisis, no podemos detenernos: Haga lo mejor que pueda por usted, por su familia y por la comunidad donde vive. Su familia necesita que usted la edifique, la atienda y fortalezca la unidad. Prepare a los suyos para hacer frente a la situación que están viviendo, pero, sobre todo, anticipe los momentos difíciles. Lo que hoy vemos no es el final, Dios tiene planes que aún no se han revelado, y quiere encontrarnos de pie, caminando, y que guiemos a nuestra familia al destino correcto.

Concéntrese en atender a su familia, no la descuide y atrévase a hacer prosperar lo que Dios ha puesto en sus manos. El Señor nos anima diciéndonos:

> *Construyan casas y habítenlas; planten huertos y coman de su fruto. Cásense, y tengan hijos e hijas; y casen a sus hijos e hijas, para que a su vez ellos les den nietos. Multiplíquense allá, y no disminuyan.*
>
> (Jeremías 29:5-6)

La crisis no es para detenernos, Dios nos invita a levantarnos con ilusión, a perseverar como nunca antes, a reinventarnos en medio de la dificultad, a caminar, aunque no veamos claro el horizonte. Por eso, en medio de los momentos difíciles, continúe, y anime a que su familia siga escribiendo historias extraordinarias. Dios nos invita a que nos multipliquemos, nos renovemos, y hagamos lo mejor posible con lo que tenemos en la mano.

2. Seamos solidarios con la comunidad. Oremos por los gobernantes y bendigamos al pueblo en el que Dios nos ha puesto a vivir. No podemos aislarnos, debemos ser parte de la solución y ocupar nuestro lugar en la comunidad donde vivimos. Debemos tener una visión que inspire a los demás, servir con entrega y guiar a otros a tener la confianza necesaria para levantarnos de nuevo.

El Señor nos anima a tener la actitud correcta: *...**busquen el bienestar de la ciudad**... y **pidan al Señor por ella**, porque el bienestar de ustedes depende del bienestar de la ciudad* (Jeremías 29:7). Nuestro bienestar como personas y como familia depende del bienestar de la comunidad, por eso debemos vernos como parte de la solución y no del problema.

» **Oremos** por la ciudad, bendigamos a nuestros gobernantes, científicos, servidores públicos, empresarios, educadores, y a todos con los que nos relacionamos.

» **Sirvamos** a la ciudad con lo mejor que tengamos. Seamos voluntarios serviciales, demos lo mejor de nosotros. Traigamos fe, esperanza, ánimo, y anunciemos el mensaje de salvación. Trabajemos fuerte y con excelencia en todo lo que Dios nos ponga a hacer.

» **No critiquemos** lo que otros hacen o no hacen, más bien, animemos a los demás, sugiramos ideas creativas, seamos proactivos y agradezcamos el trabajo que otros realizan.

En medio de la dificultad, de lo que parecía un imposible, Dios le habla a Moisés y lo anima a confiar en Él: —*No tengan miedo —les respondió Moisés—. Mantengan sus posiciones, que hoy mismo serán testigos de la salvación que el Señor realizará en favor de ustedes. A esos egipcios que hoy ven, ¡jamás volverán a verlos!*

3. Ustedes quédense quietos, que el Señor presentará batalla por ustedes. (Éxodo 14:13-14) Dios le dijo a Moisés en Éxodo 3 "ve porque yo estaré contigo".

- ◆ Aunque no conocemos lo que ocurrirá, Dios sí lo conoce. Dios conoce los planes que tiene para nosotros; nosotros hoy no vemos claramente, por eso nos toca confiar plenamente en Él.

- ◆ Avancemos un paso a la vez, etapa por etapa, vivamos intensamente el día de hoy que es lo que tenemos. El mañana está en las manos de Dios.

- ◆ Busque una palabra de parte de Dios que le sostenga, le guíe y le provea esperanza.

Esto tiene que ser revelado personalmente. Debemos disponernos a escuchar la Palabra de Dios y creerla. En aquel tiempo había poca esperanza porque el pueblo se había apartado de Dios, y Él los había entregado al dominio del pueblo enemigo. Es en este contexto que la Palabra de Dios fue enviada para traer esperanza y ánimo. Es la Palabra de Dios la que produce verdadera esperanza y nos anuncia un nuevo amanecer.

Debemos mantener la esperanza, proclamar lo que Dios nos está diciendo a nuestra familia y sostenernos en la promesa de que Dios tiene planes para nosotros que van más lejos de lo que podemos imaginar:

Porque yo sé muy bien los planes que tengo para ustedes —afirma el SEÑOR—, planes de bienestar y no de calamidad, a fin de darles un futuro y una esperanza.

(Jeremías 29:11)

4. Es tiempo de clamar a Dios y buscar Su rostro:

Entonces ustedes me invocarán, y vendrán a suplicarme, y yo los escucharé. Me buscarán y me encontrarán cuando me busquen de todo corazón. Me dejaré encontrar —afirma el SEÑOR.... (Jeremías 29:12-14)

- El propósito que tienen los momentos difíciles es ponernos de rodillas para encontrarnos con Dios. Es tiempo de clamar a Dios y buscar su rostro, Él nos escuchará. Así lo dice 2 Crónicas:

Si mi pueblo, que lleva mi nombre, se humilla y ora, y me busca y abandona su mala conducta, yo lo escucharé desde el cielo, perdonaré su pecado y restauraré su tierra.

(2 Crónicas 7:14)

- La promesa tiene como meta restaurarnos, sanarnos y levantarnos del sufrimiento actual. Lo que hoy vivimos **no** es el final, Dios tiene planes de bien y no de mal, hay esperanza para nuestro futuro, tal y como lo remarca **Jeremías 31:17**: *Hay esperanza para tu futuro —dice el Señor—...* (Jeremías 31:17 NTV). Es tiempo de confiar en Dios; esto produce esperanza, ilusión, alegría y paz.

¿CUÁNDO COMPRENDEREMOS TODO LO QUE ESTAMOS VIVIENDO?

… Todo esto lo comprenderán ustedes al final de los tiempos. (Jeremías 30:24). El tiempo no se puede adelantar, se tiene que vivir confiando que un día comprenderemos la razón de por qué vivimos lo que vivimos y por qué pasamos lo que pasamos.

1. Dios promete restaurarnos, y nos anuncia que la gloria postrera será mayor que la primera, por eso, cuando pensemos en el futuro, debemos verlo con ilusión y una gran expectativa:

> *Así dice el SEÑOR: Restauraré las fortunas de las carpas de Jacob, y tendré compasión de sus moradas; la <u>ciudad resurgirá</u> sobre sus ruinas, y el palacio se asentará en el lugar debido. **Surgirán de ellos cánticos de gratitud, y gritos de alegría.** Multiplicaré su descendencia, y no disminuirá; los honraré, y no serán menospreciados. Sus hijos volverán a ser como antes; **ante mí será restablecida su comunidad…*** (Jeremías 30:18-20)

> *Pero yo te restauraré y sanaré tus heridas —afirma el SEÑOR…".* (Jeremías 30:17)

Dios promete sanar nuestras heridas, Él no ignora el dolor que hemos enfrentado, y está presente en nuestras luchas.

> *Les daré un corazón que me reconozca como el Señor. Ellos serán mi pueblo y yo seré su Dios, porque se volverán a mí de todo corazón.* (Jeremías 24:7 NTV)

Muchas veces Dios permite las cosas para que volvamos nuestro corazón a Él. Por eso, en cada circunstancia difícil debemos terminar de rodillas, y ante el éxito también debemos volvernos a Dios. Porque nos ha buscado con amor eterno.

2. Al final de los tiempos terminaremos con un canto de alabanza en nuestros labios y con gratitud en nuestro corazón, porque reconoceremos que Dios ha sido bueno con nosotros y nos ha sostenido con su mano victoriosa. Un día hablaremos de estos días como lo hicieron los peregrinos que regresaron del cautiverio.

*Cuando el Señor hizo volver a Sion a los cautivos, **nos parecía estar soñando. Nuestra boca se llenó de risas; nuestra lengua, de canciones jubilosas.** Hasta los otros pueblos decían: «El Señor ha hecho grandes cosas por ellos». Sí, el Señor ha hecho grandes cosas por nosotros, y eso nos llena de alegría…*   (Salmos 126:1-3)

Quien comenzó la buena obra en nosotros, no nos dejará tirados en el desierto. Nos restituirá y nos levantará cuantas veces sea necesario hasta dejarnos en el lugar correcto. Así lo ha prometido: *Y estoy seguro de que Dios, quien comenzó la buena obra en ustedes, la continuará hasta que quede completamente terminada el día que Cristo Jesús vuelva.* (Filipenses 1:6 NTV)

* *Ahora bien, sabemos que Dios <u>dispone todas las cosas</u> para el bien de quienes lo aman, los que han sido llamados de acuerdo con su propósito.* (Romanos 8:28).

No siempre el plan de Dios es fácil de comprender, pero siempre es lo mejor para nosotros.

+ *Me viste antes de que naciera. Cada día de mi vida estaba registrado en tu libro. Cada momento fue diseñado antes de que un solo día pasara.* (Salmo 139:16 NTV).

Somos el cumplimiento de una historia escrita en el cielo. Dios no está improvisando, estamos en sus manos.

+ *Marcharé al frente de ti, y allanaré las montañas; haré pedazos las puertas de bronce y cortaré los cerrojos de hierro. Te daré los tesoros de las tinieblas, y las riquezas guardadas en lugares secretos, para que sepas que yo soy el Señor, el Dios de Israel, que te llama por tu nombre.* (Isaías 45:2-3)

Dejemos que sea Dios quien pelee la batalla por nosotros, y hagamos lo que nos corresponde hacer para caminar en fidelidad y gratitud con Él.

3

¿CÓMO ENFRENTAR LAS CRISIS EN LA FAMILIA?

Las crisis nunca se anuncian, simplemente llegan y cambian la realidad. ¿Qué haremos al respecto? Echemos una mirada a la familia de Jesús, y aprendamos a llevar las cosas inesperadas desde los principios de la fe.

Los padres de Jesús subían todos los años a Jerusalén para la fiesta de la Pascua. Cuando cumplió doce años, fueron allá según era la costumbre. Terminada la fiesta, emprendieron el viaje de regreso, pero el niño Jesús se había quedado en Jerusalén, sin que sus padres se dieran cuenta. Ellos, pensando que él estaba entre el grupo de viajeros, hicieron un día de camino mientras lo buscaban entre los parientes y conocidos. Al no encontrarlo, volvieron a Jerusalén en busca de él. Al cabo de tres días lo encontraron en el templo, sentado entre los maestros, escuchándolos y haciéndoles preguntas. Todos los que le oían se asombraban de su inteligencia y de sus respuestas. Cuando lo vieron sus padres, se quedaron admirados.

—Hijo, ¿por qué te has portado así con nosotros? —le dijo su madre—. ¡Mira que tu padre y yo te hemos estado buscando angustiados!

—¿Por qué me buscaban? ¿No sabían que tengo que estar en la casa de mi Padre?

Pero ellos no entendieron lo que les decía. Así que Jesús bajó con sus padres a Nazaret y vivió sujeto a ellos. Pero su madre conservaba todas estas cosas en el corazón.

(Lucas 2:41-51)

En estas caminatas las mujeres iban adelante y los hombres salían después porque los hombres caminaban más rápido, y al anochecer se encontraban para dormir. Posiblemente María pensó que Jesús vendría con José, y José creyó que Jesús vendría con María. Cuando se encontraron pensaron que venía entre los parientes, y es aquí donde la preocupación crece.

Criar a nuestros hijos no es una tarea fácil. Hay momentos donde parece que tenemos el control, pero hay momentos donde parece que todo es un caos y no sabemos qué hacer. Tres días buscando al niño sin encontrarlo es angustiante. Es en estos momentos donde debemos reflexionar sobre qué es lo más sabio, cómo debemos actuar, y cómo podemos respaldarnos entre nosotros.

Muchas veces nuestros hijos no están perdidos, solo están extraviados, confundidos, o bien aturdidos por lo que viven, y a nosotros se nos impone el privilegio de buscar a los nuestros hasta encontrar su corazón.

José y María pasaron por un momento de angustia cuando Jesús se perdió en Jerusalén por tres días cuando solo tenía 12 años. Sin embargo, permanecieron más unidos que nunca, se respaldaron el uno al otro y se mantuvieron juntos en medio de la incertidumbre. No se culparon entre ellos, no gastaron su energía en peleas interminables, y se acompañaron en el proceso para encontrar la solución. Decidieron caminar juntos porque dos pueden más que uno.

¿Qué podemos aprender de la experiencia que experimentaron José y María en esta situación tan difícil y angustiante?

1. Las tradiciones familiares son importantes porque unen la familia.

Los padres de Jesús subían todos los años a Jerusalén para la fiesta de la Pascua. Cuando cumplió doce años, fueron allá según era la costumbre.   (Lucas 2:41)

Las tradiciones generan recuerdos y fortalecen la unidad de la familia, por eso es importante que tengamos tradiciones diarias, como orar en la mesa por los alimentos, comer juntos, dialogar en familia, y tomar un tiempo diario para divertirnos. Hagamos una tradición al hacer cosas juntos en la casa como cocinar, decorarla, hacer el jardín, dar mantenimiento y arreglarla.

Una tradición es lo que hacemos sistemática y regularmente, de tal forma que llega el día en que todos sabemos lo que va a suceder. Toda la familia debe involucrarse en la planificación y en la ejecución de la tradición. Debe ser algo que se espera con ilusión y nos hace pasar momentos agradables. Por ejemplo, podría ser un paseo semanal, salir de vacaciones cada año la misma fecha, desayunar algo típico los sábados, ir a la iglesia los domingos y luego almorzar juntos. Lo bueno de las tradiciones es que fortalecen nuestro vínculo como familia y nos permiten construir recuerdos maravillosos. Nada debe interponerse en las tradiciones familiares, porque cumplen una función importante para fortalecer el vínculo entre nosotros.

2. Vendrán circunstancias que no estaban planeadas.

Terminada la fiesta, emprendieron el viaje de regreso, pero el niño Jesús se había quedado en Jerusalén, sin que sus padres se dieran cuenta. (Lucas 2:43)

Siempre vamos a enfrentar circunstancias que no estaban planeadas, y es ahí donde más que nunca debemos tener la mejor actitud, lo cual no es fácil, porque nos saca de lo que teníamos planeado, de nuestra zona de confort, del presupuesto que habíamos fijado, y nos enfrenta a situaciones nuevas y muchas veces engorrosas.

En medio de la adversidad y de situaciones desconocidas, debemos buscar el consejo de quienes son expertos en el tema, y esto requiere que tengamos una alta dosis de humildad.

Pregunte, investigue y consulte cómo otros lo superaron, qué hicieron bien, qué aprendieron en medio de la experiencia y cómo lo resolvieron. Esto nos ayuda a actuar con sabiduría y nos permite mantener una expectativa más realista.

José y María no tenían a nadie para consultar, pero se tenían el uno al otro. En medio de la adversidad debemos escucharnos y no apresurarnos a tomar decisiones bajo el efecto del pánico o la angustia. Nunca oculte una situación difícil a su cónyuge, compartamos entre nosotros lo que vivimos. Debemos tener la libertad de mostrarnos vulnerables y estar abiertos al consejo. No nos apresuremos a tomar decisiones por temor, esto lo producen las noticias alarmistas y podrían conducirnos al error. Es mejor indagar bien al respecto, informarnos, elaborar un plan, y acompañarnos en medio de lo que estamos viviendo.

Debemos aprender a anticipar la adversidad con la mejor actitud, un buen ahorro económico, y con la seguridad de que a Dios no se le ha escapado ningún detalle. Bien nos lo dijo en el Sermón del Monte:

> *Por eso les digo: No se preocupen por su vida, qué comerán o beberán; ni por su cuerpo, cómo se vestirán. ¿No tiene la vida más valor que la comida, y el cuerpo más que la ropa? Fíjense en las aves del cielo: no siembran ni cosechan ni almacenan en graneros; sin embargo, el Padre celestial las alimenta.* (Mateo 6:25-26)

¿Y por qué se preocupan por la ropa? Observen cómo crecen los lirios del campo. No trabajan ni hilan; sin embargo, les digo que ni siquiera Salomón, con todo su esplendor, se vestía como uno de ellos. Si así viste Dios a la hierba que hoy está en el campo y mañana es arrojada al horno, ¿no hará mucho más por ustedes, gente de poca fe? Así que no se preocupen diciendo: "¿Qué comeremos?" o "¿Qué beberemos?" o "¿Con qué nos vestiremos?". Los paganos andan tras todas estas cosas, pero el Padre celestial sabe que ustedes las necesitan. Más bien, busquen primeramente el reino de Dios y su justicia, y todas estas cosas les serán añadidas. Por lo tanto, no se angustien por el mañana, el cual tendrá sus propios afanes. Cada día tiene ya sus problemas. (Mateo 6:28-34)

En los momentos de incertidumbre debemos confiar plenamente en Dios, porque estamos en sus manos y nuestro futuro le pertenece. Ocupémonos en fortalecer la fe, la esperanza y en animarnos los unos a los otros.

3. Ante las crisis, no nos culpamos el uno al otro, nos acompañamos y nos ayudamos. Permanecemos unidos.

Ya observamos que José y María no se desgastan en acusaciones interminables, en reclamos que no conducen a nada, en recriminaciones que no pueden devolver el tiempo. Ahora nos toca buscar soluciones, ayudarnos y fortalecernos el uno al otro. No es tiempo de buscar culpables, porque eso nos divide, nos roba la fuerza, y aumenta el dolor. Es tiempo de resolver juntos y de forma saludable los problemas.

*Ellos, pensando que él estaba entre el grupo de viajeros, hicieron un día de camino **mientras lo buscaban** entre los parientes y conocidos.* (Lucas 2:44)

José y María decidieron salir juntos de la crisis: se animaron el uno al otro, y se complementaron. Mientras la angustia crecía, más unidos estaban. Seguro vivieron lo descrito en Eclesiastés:

Más valen dos que uno, porque obtienen más fruto de su esfuerzo. Si caen, el uno levanta al otro. ¡Ay del que cae y no tiene quien lo levante! Si dos se acuestan juntos, entrarán en calor; uno solo ¿cómo va a calentarse? Uno solo puede ser vencido, pero dos pueden resistir. ¡La cuerda de tres hilos no se rompe fácilmente! (Eclesiastés 4:9-12)

En las crisis debemos permanecer unidos más que nunca y, sobre todo, permanecer unidos a Dios, porque es Él quien nos llena de la fuerza y la sabiduría necesarias para superar el momento que vivimos.

No subestime los sentimientos de la otra persona, puede que sintamos diferente, pero eso no nos da el derecho a menospreciar lo que nuestro cónyuge o nuestro familiar siente. Cada uno procesa las cosas de forma diferente. Debemos respetarnos mutuamente y así seremos fortalecidos, animados y consolados.

Dos pueden más que uno, porque nos ayudamos, nos acompañamos, y nos consolamos el uno al otro.

4. Ante la crisis, diseñamos un plan de emergencia.

Al no encontrarlo, volvieron a Jerusalén en busca de él.

(Lucas 2:45)

José y María, al no encontrar al niño entre los parientes, se detuvieron a decidir qué harían. Una buena alternativa es devolvernos por la ruta que seguimos. Esto nos permitirá repasar lo que hicimos, cómo lo hicimos, y encontrar las pistas necesarias para resolver lo que estamos enfrentando. Pero esto no significa quedarnos atrapados en el pasado; es tiempo de mirar hacia el futuro con esperanza y con un plan que debemos ejecutar juntos.

Debemos elaborar un plan que nos permita superar las crisis juntos. Si no sabemos cómo actuar o por dónde iniciar, preguntemos y con humildad busquemos el consejo de los expertos, o bien de los amigos y familiares que han recorrido el mismo camino.

En medio de la crisis vamos a descubrir nuevas oportunidades y amigos que nos dan una mano. Dios nos permitirá ver milagros que no habíamos contemplado antes.

5. Ante la crisis, nos detenemos a contemplar los milagros.

Cuando lo vieron sus padres, se quedaron admirados.

(Lucas 2:48)

Cuando José y María encontraron a Jesús, lo contemplaron, se admiraron, y en silencio dieron gracias.

Cuando los milagros ocurran, no avancemos por la vida como si nada hubiese ocurrido. Estamos viendo algo que solo Dios puede hacer, estamos ante el fruto de haber perseverado juntos, y esto debe movernos a valorar y a apreciar la misericordia de Dios.

Agradecer no es fácil, porque se nos olvida rápidamente lo que hemos vivido. De los diez leprosos que fueron sanos por Jesús, solo uno retornó a dar gracias por el milagro.

> —¿Acaso no quedaron limpios los diez? —preguntó Jesús—. ¿Dónde están los otros nueve? ¿No hubo ninguno que regresara a dar gloria a Dios, excepto este extranjero? Levántate y vete —le dijo al hombre—; tu fe te ha sanado.   (Lucas 17:17-19)

Dios nos ayude a ser agradecidos siempre. Por eso, agradezca a quienes le acompañaron en el proceso, valore el esfuerzo de los demás, el consejo recibido, el amor que le dieron y, sobre todo, agradezca a Dios cada vez que viva un milagro. Todos deberíamos regresar a Dios con cánticos de alabanza y gratitud porque somos testigos de que su mano nos ha sostenido, y Él ha tenido cuidado de nosotros.

6. Ante la crisis, nos damos apoyo emocional.

> —Hijo, ¿por qué te has portado así con nosotros? —le dijo su madre—. **¡Mira que tu padre y yo te hemos estado buscando angustiados!**

Las crisis traen dolor, angustia, y muchas veces desesperación. Es ahí donde debemos ser el soporte para los que están a nuestro lado. Ayudemos al otro a llorar, y animémonos entre nosotros a confiar en Dios. Esta historia no se ha terminado de escribir, Dios siempre tiene la última palabra y nuestras vidas son el objeto de su amor. Seamos una familia en la que nos respaldamos los unos a los otros, nos cuidamos entre nosotros y nos buscamos hasta encontrarnos.

7. Ante la crisis, procuramos un buen ambiente familiar.

¿Por qué me buscaban? ¿No sabían que tengo que estar en la casa de mi Padre? Pero ellos no entendieron lo que les decía. Así que Jesús bajó con sus padres a Nazaret y vivió sujeto a ellos. **Pero su madre conservaba todas estas cosas en el corazón.**　　(Lucas 2:49-51)

Cuando Jesús expresa lo que piensa, estaba hablando de lo que haría cuando fuera grande, y manifestaba el llamado que latía en su corazón. Es esto lo que lo lleva a permanecer en el templo preguntando y argumentando con los estudiosos de la ley.

Aunque José y María no comprendieron lo que Jesús decía, lo respetaron, no lo humillaron, ni lo subestimaron por ser un niño.

Esta escena nos revela lo que se vivía en la casa de José, María y Jesús. En esta casa había respeto, consideración, confianza, diálogo y cercanía. Jesús no tuvo miedo de expresar lo que pensaba. Sus padres respetaron lo que sentía, lo que expresaba, y también ellos se sentían en la libertad de expresar su dolor y angustia. Al mismo tiempo, vemos a Jesús honrando a sus padres y caminando en obediencia, como corresponde a un niño de su edad.

Jesús vivió sujeto a ellos, y María guardaba en su corazón cada experiencia. Porque es a partir de estas experiencias que María reconoce que su hijo es el Salvador del mundo.

¿Cómo salir más unidos luego de un tiempo difícil o de una crisis en la familia? Siendo preventivos, asumiendo la mejor actitud, dando lo mejor de cada uno, confiando plenamente en Dios y comprendiendo que no vamos solos.

Todas las familias enfrentamos diferentes retos en la vida, y ahí surge la incertidumbre de cuánto tiempo durará, cómo será la nueva normalidad luego de la crisis, qué actitud debo tomar, y a quién utilizará Dios para ayudarnos. ¿Cómo enfrentaremos los retos económicos, cómo organizarnos y cómo mantener la mejor actitud?

Es tiempo de mirar el futuro con esperanza y anticipar que Dios nos seguirá guiando y que nos sostendrá con su mano poderosa. En Juan 16, nuestro Señor Jesucristo promete estar con nosotros siempre y promete enviarnos un consolador que nos guiará en estos momentos difíciles.

Les conviene que me vaya porque, si no lo hago, el Consolador no vendrá a ustedes; en cambio, si me voy, se lo enviaré a ustedes. (Juan 16:7) Pero, cuando venga el Espíritu de la verdad, él los guiará a toda la verdad, porque no hablará por su propia cuenta, sino que dirá solo lo que oiga y les anunciará las cosas por venir. (Juan 16:13) Todo esto les he dicho para que no flaquee su fe. (Juan 16:1)

Las crisis tienen como meta fortalecer la unidad de nuestra familia, y lo logramos cuando cada uno tenemos salud emocional, porque en lugar de gritar, humillar, menospreciar y lastimar, nos acompañamos, nos aconsejamos, nos animamos y nos buscamos hasta encontrarnos en la intimidad de los sentimientos más profundos que nos unen. Por eso, tengamos tradiciones familiares que nos permitan construir recuerdos maravillosos, caminemos juntos en todo momento y hagamos el compromiso de que nada ni nadie podrá separarnos.

4

¿CÓMO HACER FRENTE AL AGOTAMIENTO EMOCIONAL?

Dios siempre está presente en nuestras vidas, y más aun cuando las fuerzas se agotan, cuando estamos confundidos o sentimos que ya no podemos más. Es ahí donde debemos caer de rodillas y clamar a Dios para que nos guíe, abra puertas que están cerradas, y nos hable sobre los propósitos que tiene en medio de lo que estamos viviendo. **Por eso nos dice:**

> *Así que no temas, porque yo estoy contigo; no te angusties, porque yo soy tu Dios. Te fortaleceré y te ayudaré; te sostendré con mi diestra victoriosa.* (Isaías 41:10)

> *La paz les dejo; mi paz les doy. Yo no se la doy a ustedes como la da el mundo. No se angustien ni se acobarden.* (Juan 14:27)

El agotamiento emocional forma parte de las enfermedades más comunes de la sociedad actual. La Organización Mundial de la Salud (OMS) lo incluyó en la lista de las enfermedades modernas.

Debemos ser muy conscientes y reconocer qué nos roba la energía, nos produce angustia o nos lleva a la desesperación; y, por otro lado, qué nos llena de energía, de alegría y de realización. Debemos aprender a conocer nuestras emociones para ser capaces de enfrentar el temor, el desaliento y la tristeza. Por eso el Señor siempre nos está diciendo "no temas"; esta frase aparece más de 365 veces en la Biblia y tiene la intención de guiarnos al camino correcto, y a un encuentro personal con Dios.

Somos cuerpo, alma y espíritu, y cada componente debe ser cuidado, alimentado, ejercitado y atendido.

No llegamos a experimentar el agotamiento emocional de un momento a otro. Se trata de un proceso que recorremos lentamente, hasta que la persona se desploma. Pero también se vive, porque podríamos tener una disposición a pensar de una forma equivocada, y esto nos conduce al desequilibrio emocional. He visto a amigos colapsar porque no resistían más la exigencia de las personas sobre ellos, la tensión de sus deudas, una agenda descontrolada, la falta de descanso, el ambiente tóxico en el que viven y la mala alimentación.

Es importante comprender que todos en algún momento lo hemos experimentado.

Al leer el Salmo 69 me doy cuenta de que no es algo nuevo, sino que es parte de la vida y que todos debemos aprender a hacerle frente a este estado emocional.

David pudo expresar lo que estaba viviendo, de una forma clara, personal y profunda. Abrió su corazón a Dios y, con honestidad y transparencia, le expresó lo que estaba viviendo y sintiendo. Le dejo con sus palabras para que pueda ver que otros viven lo que podría estar experimentando usted.

Sálvame oh Dios, porque las aguas de la inundación me llegan al cuello. Me hundo cada vez más en el fango; no encuentro dónde apoyar mis pies. Estoy en aguas profundas, y el torrente me cubre. Estoy agotado de tanto gritar por ayuda; tengo la garganta reseca. Mis ojos están hinchados de tanto llorar, a la espera de la ayuda de mi Dios. Los que me odian sin motivo suman más que los cabellos de mi cabeza. Muchos enemigos tratan de destruirme con mentiras, me exigen que devuelva lo que no robé. Oh Dios, tú sabes lo necio que soy; de ti no puedo ocultar mis pecados. No dejes que los que confían en ti sean avergonzados por mi culpa, oh Señor Soberano de los Ejércitos Celestiales. No permitas que sean humillados por mi causa, oh Dios de Israel. Pues yo soporto insultos por amor a ti; tengo la humillación dibujada en todo mi rostro. Hasta mis propios hermanos fingen no conocerme, me tratan como a un extraño. El celo por tu casa me ha consumido, y los insultos de aquellos que te insultan han caído sobre mí. Cuando lloro y ayuno, se burlan de mí.

Cuando me visto de tela áspera en señal de dolor, se ríen de mí. Soy el blanco de los chismes de la ciudad, y todos los borrachos cantan de mí. Pero sigo orando a ti, Señor, con la esperanza de que esta vez me muestres tu favor. En tu amor inagotable, oh Dios, responde a mi oración con tu salvación segura. Rescátame del lodo, ¡no dejes que me hunda aún más! Sálvame de aquellos que me odian y sácame de estas aguas profundas. No permitas que el torrente me cubra, ni que las aguas profundas me traguen, ni que el foso de la muerte me devore. Contesta a mis oraciones, oh Señor, pues tu amor inagotable es maravilloso; cuida de mí, pues tu misericordia es muy abundante. No te escondas de tu siervo; contéstame rápido, ¡porque estoy en graves dificultades! Ven y rescátame, líbrame de mis enemigos. Tú conoces mi vergüenza, mi desprecio y mi deshonra; ves todo lo que hacen mis enemigos. Sus insultos me han destrozado el corazón, y estoy desesperado. Si al menos una persona me tuviera compasión; si tan solo alguien volviera y me consolara. En cambio, de comida, me dan veneno y me ofrecen vino agrio para la sed.

(Salmos 69:1-21 NTV)

David no se quedó atrapado en su dolor y en su angustia, sino que en medio de su aflicción buscó a Dios y se refugió en su poder redentor. David clamó a Dios desde lo más profundo de su corazón y expresó:

Estoy afligido y dolorido; rescátame, oh Dios, con tu poder salvador. Entonces alabaré el nombre de Dios con *cánticos, y lo honraré con acción de gracias. Pues al Señor esto le agradará más que el sacrificio de ganado o que presentar un toro con cuernos y pezuñas. **Los humildes verán a su Dios en acción y se pondrán contentos; que todos los que buscan la ayuda de Dios reciban ánimo. Pues el Señor oye el clamor de los necesitados; no desprecia a su pueblo encarcelado. Alábenlo el cielo y la tierra, los mares y todo lo que en ellos se mueve.***

(Salmos 69:29-34 NTV)

David nos invita a que en medio de la crisis que vivimos, alabemos y exaltemos a Dios, porque es en medio de la alabanza que nuestros corazones experimentan descanso y consuelo.

¿QUÉ NOS LLEVA AL AGOTAMIENTO EMOCIONAL?

+ Altas expectativas sociales o autoimpuestas. Ej. Se espera que estemos en todos los eventos, ser el primero, el mejor, el ejemplo, etc.

+ Exceso de responsabilidades.

+ Estar expuesto a noticias negativas todo el tiempo.

+ Mucho trabajo.

+ Problemas sin resolver.

+ Cansancio acumulado.

+ Exceso de carga mental.

♦   Fatiga emocional.

♦   Vivir en un ambiente tóxico, demandante, de juicio, de crítica o de descalificación.

♦   La falta de una vida de equilibrio entre el trabajo, el descanso, el tiempo para la familia y el tiempo personal.

Debemos aprender a distinguir qué nos está llevando al agotamiento emocional extremo, cuándo se instala como una conducta recurrente, qué personas tóxicas nos están afectando, y qué ambientes nos resultan extremadamente dañinos.

Debemos desarrollar la capacidad de analizar lo que estamos viviendo y la calidad de vida que estamos teniendo.

1. Síntomas del agotamiento emocional

»   **Cansancio físico constante, dolores musculares y fatiga crónica.** Nos sentimos con fatiga frecuente. Siente que es mucho el trabajo que le espera, y que no le alcanzará el tiempo para realizarlo todo.

»   **Insomnio.** Síntomas de estrés y ansiedad. La persona tiene dificultad para dormir. Siempre le dan vuelta los problemas en la cabeza y esto hace que le sea difícil conciliar el sueño. La angustia lo atrapa en la noche y surge una sudoración copiosa. El descanso que repara nuestras fuerzas no se logró y al día siguiente no tiene energía para levantarse, está cansado en extremos, las ideas no le fluyen, es lento para responder a las demandas naturales del trabajo y se enoja con facilidad. Todo porque no logró descansar lo suficiente en la noche.

» **Se irrita fácilmente.** Con facilidad está de mal humor y muy sensible a la crítica. Esto le lleva a tener conflictos constantes en su hogar y en el trabajo, piensa que las personas quieren hacerle daño, y está a la defensiva. Se vuelve un conductor temerario en la carretera, porque reacciona ante cualquier provocación. Se enoja por todo y responde a la defensiva.

» **Poca motivación.** Hace todo en automático. Lo hace para cumplir, pero perdió la ilusión que lo inspiraba. Ya no tiene el mismo interés por el trabajo y todo le es una carga. Su motivación se ha agotado, ya no encuentra razones para hacer bien las cosas y el espíritu de lucha que le identificaba ha desaparecido. Todo porque está agotado emocionalmente, descansa poco y posee una alta carga de estrés.

» **Pospone sus responsabilidades y se vuelve olvidadizo.** Se olvida con facilidad de las cosas importantes. Posterga sus responsabilidades y se olvida fácilmente de las cosas que tiene que hacer.

» **Experimenta dificultad para pensar y tomar decisiones.** Su razonamiento se vuelve lento y necesita más tiempo para tomar decisiones importantes.

» **Distanciamiento afectivo.** Se aísla de los que le aprecian, no le ilusiona ver a los amigos ni a sus familiares. Es como si sintiera que sus emociones se secaron. Aun, se puede volver un poco cínico con las personas que le aman.

» **Está hipersensible emocionalmente y, por lo tanto, se resiente fácilmente con los demás y con usted mismo.**

» **Podría desear morir, porque perdió la motivación para vivir.** Nada le ilusiona, y la motivación que antes le inspiraba se ha extinguido.

Si está experimentando estos síntomas, no busque culpables, ni se culpe a usted mismo. Es tiempo de detenernos para reflexionar sobre lo que estamos viviendo, buscar ayuda, informarnos al respecto y dejarnos acompañar por los que nos aman. Sobre todo, es tiempo de acercarnos a Dios y permitirle a Él hacer milagros en nuestra vida. Ponga toda su angustia en las manos de Dios y confíe en su promesa: el que comenzó la buena obra en nosotros la terminará, y no quedaremos postrados en el camino. Nos falta mucho por vivir, y nos faltan historias por escribir.

2. Si vive una situación difícil

+ Busque ayuda inmediatamente.

+ Informe a su familia para que le respalden.

+ Deténgase y redefina sus prioridades.

+ Renuncie a la culpa y viva el poder renovador del perdón.

+ Baje las expectativas.

+ Hágase exámenes médicos y siga las recomendaciones que le dan.

- Busque un grupo de amigos que le nutran de fuerza y le acompañen.

- Delegue todas sus responsabilidades.

- Tome un descanso prolongado.

- Definitivamente es tiempo de tomar unas vacaciones.

3. El profeta Elías experimentó un tiempo de agotamiento emocional.

El profeta Elías, uno de los profetas que más milagros extraordinarios hizo, vivió un agotamiento emocional que lo llevó a desear morir. Pensó que solo él había quedado, imaginó que lo asesinaban, se sintió perseguido y nadie lo hacía, se aisló por su estado depresivo y corrió sin rumbo al desierto hasta caer exhausto. Esto lo podemos vivir todos si nos descuidamos, trabajamos en exceso, no descansamos bien o lo suficiente, y nos aislamos de los demás, olvidando que necesitamos afecto, aceptación y afirmación.

Repasemos la historia de Elías descrita en 1 Reyes 19.

*Acab le contó a Jezabel todo lo que Elías había hecho, y cómo había matado a todos los profetas a filo de espada. Entonces Jezabel envió un mensajero a Elías para decirle: «¡Que los dioses me castiguen sin piedad si mañana a esta hora no te he quitado la vida como tú se la quitaste a ellos!». **Elías se asustó y huyó para ponerse a salvo.** Cuando llegó a Berseba de Judá, dejó allí a su criado y caminó todo un día por el desierto. Llegó adonde había* un arbusto, y se sentó a su sombra con ganas de morirse. «¡Estoy harto, Señor! —protestó—. Quítame la vida, pues no soy mejor que mis antepasados». Luego se acostó debajo del arbusto y **se quedó dormido**.

De repente, un ángel lo tocó y le dijo: «**Levántate y come**». Elías miró a su alrededor y vio a su cabecera un panecillo cocido sobre carbones calientes y un jarro de agua. **Comió y bebió, y volvió a acostarse**.

El ángel del Señor regresó y, tocándolo, le dijo: «**Levántate y come, porque te espera un largo viaje**». Elías se levantó, y comió y bebió. Una vez fortalecido por aquella comida, viajó cuarenta días y cuarenta noches hasta que llegó a Horeb, el monte de Dios. Allí pasó la noche en una cueva. (1 Reyes 19:1-9)

El Señor le ordenó: —**Sal y preséntate ante mí en la montaña, porque estoy a punto de pasar por allí**. Como heraldo del Señor vino un viento recio, tan violento que partió las montañas e hizo añicos las rocas; pero el Señor no estaba en el viento. Después del viento hubo un terremoto, pero el Señor tampoco estaba en el terremoto. Tras el terremoto vino un fuego, pero el Señor tampoco estaba en el fuego. Y después del fuego vino un suave murmullo. Cuando Elías lo oyó, se cubrió el rostro con el manto y, saliendo, se puso a la entrada de la cueva.

Entonces oyó una voz que le dijo: —¿Qué haces aquí, Elías? Él respondió: —Me consume mi amor por ti,

Señor Dios Todopoderoso. Los israelitas han rechazado tu pacto, han derribado tus altares, y a tus profetas los han matado a filo de espada. Yo soy el único que ha quedado con vida, ¡y ahora quieren matarme a mí también!

El Señor le dijo: —Regresa por el mismo camino y ve al desierto de Damasco. Cuando llegues allá, unge a Jazael como rey de Siria, y a Jehú hijo de Nimsi como rey de Israel; unge también a Eliseo hijo de Safat, de Abel Mejolá, para que te suceda como profeta.

(1 Reyes 19:11-16)

En medio de los momentos más difíciles de nuestra vida, podemos caminar sin rumbo, porque nos sentimos desorientados, confundidos o bien agotados. Por lo que Dios siempre nos hace reflexionar: "Cuando Elías lo oyó, se cubrió el rostro con el manto y, saliendo, se puso a la entrada de la cueva. Entonces oyó una voz que le dijo: —¿Qué haces aquí, Elías?   (1 Reyes 19:13)

En medio de cualquier crisis, el secreto consiste en escuchar a Dios y presentarnos ante Él, porque Dios está a punto de sorprendernos con Su gracia: *El Señor le ordenó: —Sal y preséntate ante mí en la montaña, porque estoy a punto de pasar por allí.* (1 Reyes 19:11)

4. ¿Cuándo colapsamos?

+ Cuando el agotamiento físico, espiritual y emocional han llegado al tope.

- Cuando se le da crédito a lo que dice una persona tóxica. Es decir, nos detenemos a escuchar amenazas que normalmente no se cumplen, palabras de menosprecio, de descalificación, y le damos crédito a señalamientos que nos hieren. Elías vivió en su imaginación lo que la reina le había mandado a decir. Debemos tener cuidado con lo que escuchamos y, sobre todo, debemos dar crédito a lo que es verdadero, nos llena de fuerza, fe y esperanza. Pero debemos alejarnos de todo lo que nos roba la fuerza, nos llena de temor y lo que nos agota emocionalmente.

- Cuando experimentamos desánimo, o nos sentimos agotados emocionalmente, normalmente corremos sin rumbo, nos aislamos de los demás y nos invade un sentimiento de soledad. Esto fue lo que le ocurrió a Elías. Dejó a su criado en la ciudad y corrió sin rumbo al desierto, y esto lo agotó física y emocionalmente.

- Cuando se tiene un diálogo interno autodestructivo. "Solo yo he quedado". "Deseo morir, quítame la vida."

¿CÓMO NOS RECUPERAMOS DEL AGOTAMIENTO?

- **Duerma y descanse hasta recuperarse.** El sueño profundo repara el cansancio, aclara el pensamiento y renueva las fuerzas emocionales, físicas y espirituales. Cuando se sienta exhausto, tenga períodos prolongados de descanso. Dios le permitió a Elías dormir profundamente. Dios no se enoja si descansamos, es algo que Él nos manda a hacer. Jesús tomó momentos para dormir, descansar y estar solo para renovar sus fuerzas.

En occidente no estamos acostumbrados a esta práctica, pero cuando experimentamos un cansancio extremo necesitamos un largo periodo de descanso para renovar las fuerzas. Para algunos podría parecer algo extraño, porque sienten que no sabrían qué hacer, pero es mejor que aprendamos a vivirlo, de lo contrario, el cansancio extremo podría llevarnos al colapso emocional, como lo vivió Elías. Muchas veces colapsamos porque no nos enseñaron a descansar. Sentimos que somos vagabundos si lo hacemos. Pero no es cierto; el descanso renueva las fuerzas.

* **Haga pausas diarias para renovar sus fuerzas.** Aparte de un descanso largo si lo necesita, tome pequeños descansos que le renueven sus fuerzas. Podría ser una corta siesta, o bien, detenerse a cerrar los ojos unos minutos en privado.

* **Aliméntese bien.** Dios alimenta a Elías hasta que recupera sus fuerzas. Es indispensable que nos alimentemos bien para renovarnos.

* **Acérquese a Dios y escúchelo; tome tiempos íntimos con Él.** Dios lleva a Elías a un lugar apartado para mostrarle su gloria, y le habla de los planes que tiene con él. En medio del desánimo, el cansancio o el agotamiento

emocional, busque a Dios en lo íntimo y escuche lo que le tiene que decir. No le va a descalificar, lo va a restaurar, y al mismo tiempo le revelará sus planes.

- **Dios le habla a Elías de los planes que tiene con él; igual lo hará con nosotros.** Aunque estemos experimentando culpa, desánimo y un fuerte agotamiento, Dios tiene planes con nosotros y nos espera un largo camino por recorrer. Esta historia no se ha terminado de escribir.

- **Tenga amigos en quienes confiar, con quienes hablar, y con quienes orar.** Elías se alejó de todo el mundo y se fue al desierto. No lo haga, esto nos agota más y nos confunde. Cuando estemos confundidos, angustiados y desesperados, busquemos a nuestros amigos y familiares para que oremos juntos, nos aconsejen y nos extiendan una mano.

- **Tome vacaciones.** Que sea un tiempo para dormir, relajarse, divertirse, hacer algo diferente y, sobre todo, que sea un tiempo para reflexionar. Muchas veces es ahí donde Dios trata conmigo de una forma especial.

- **Busque el consejo de personas sabias.** Se requiere una alta dosis de humildad para buscar el consejo de los demás, pero debemos hacerlo. Nosotros crecemos cuando nos dejamos ministrar con los dones que Dios les ha dado a los demás.

- **Aprenda a decir "no", sin sentir culpa.**

- **No se aísle en los momentos difíciles, déjese animar por los que le aman.**

- **Delegue y confíe en otros.**

- **No sea perfeccionista.**

- **Haga ejercicio y camine.**

- **Ría y diviértase más.**

- **Déjese amar por sus amigos.**

- **Valore a su familia y conviértala en su refugio emocional.**

- **Renuncie a la culpa.**

- **Viva el presente y disfrute los pequeños detalles.**

LIBERADORES EMOCIONALES

Es necesario que podamos distinguir qué nos renueva las fuerzas, nos aclara el pensamiento y nos permite sentirnos mejor. Por eso:

- Abrace y déjese abrazar.

- Respire profundo, medite y separe tiempo para buscar a Dios en lo íntimo.

- Disfrute momentos personales de alabanza y adoración. Así lo nos lo dice el salmista: *¿Por qué estoy desanimado? ¿Por qué está tan triste mi corazón? ¡Pondré mi esperanza en Dios! Nuevamente lo alabaré, ¡mi Salvador y mi Dios!* (Salmo 42:11 NTV)

+   Tome vitaminas: un complejo vitamínico rico en calcio, magnesio y vitamina B.

+   Alimentémonos saludablemente.

La Biblia está llena de palabras de sabiduría que nos enseñan a pensar correctamente, a dirigir nuestras emociones y nos da promesas que debemos hacer nuestras.

> *Concéntrense en todo lo que es verdadero, todo lo honorable, todo lo justo, todo lo puro, todo lo bello y todo lo admirable. Piensen en cosas excelentes y dignas de alabanza.* (Filipenses 4:8 NTV)

> *No se inquieten por nada; más bien, en toda ocasión, con oración y ruego, presenten sus peticiones a Dios y denle gracias. Y la paz de Dios, que sobrepasa todo entendimiento, cuidará sus corazones y sus pensamientos en Cristo Jesús.* (Filipenses 4:6-7)

> *Porque yo soy el SEÑOR, tu Dios, que sostiene tu mano derecha; yo soy quien te dice: «No temas, yo te ayudaré».* (Isaías 41:13)

> *En cambio, los que confían en el Señor encontrarán nuevas fuerzas; volarán alto, como con alas de águila. Correrán y no se cansarán; caminarán y no desmayarán.* (Isaías 40:31 NTV)

Luego dijo Jesús: «Vengan a mí todos los que están cansados y llevan cargas pesadas, y yo les daré descanso».

(Mateo 11:28 NTV)

Pero yo he puesto mi esperanza en el Señor; yo espero en el Dios de mi salvación. ¡Mi Dios me escuchará!

(Miqueas 7:7)

Dios escucha nuestro clamor y conoce cómo nos sentimos. Sé que Él ha enviado a sus ángeles en nuestra ayuda y su Espíritu nos guiará a la libertad que tanto anhelamos.

5

LA CRISIS DE LA MEDIANA EDAD

Poco pensamos en la crisis de la mediana edad hasta que llegamos a los 40 o los 50. De repente, los cambios se comienzan a dar y las huellas de los años se manifiestan. De un momento a otro, en un abrir y cerrar de ojos, ya no somos unos muchachos, sino que somos todos unos señores o unas señoras. Algunas personas se resisten al nuevo "título", pero al tener que aclarar tantas veces que no les agrada mucho que les llamen de ese modo, se rinden a la realidad: "ahora soy un señor", "ahora soy una señora".

La crisis de la mediana edad se encuentra entre los 40 y los 50 años. Es la etapa cuando las personas comienzan a cuestionarse su existencia ya que, de repente, la sociedad le recuerda que ya no es joven. Los cuestionamientos son válidos: "¿He alcanzado mis metas?", "¿ha valido la pena todo el esfuerzo?", ¿soy una persona realizada?". Estas y mil preguntas más que son válidas, porque la reflexión nos permite analizar lo que hemos vivido y replantear el futuro.

Es el período cuando bajan los niveles hormonales, el estrógeno en el caso de las mujeres, y la testosterona, en los hombres. Estos cambios hormonales están acompañados de fuertes emociones que alteran el estado de ánimo, bajan la energía, el impulso sexual y la agilidad física. La andropausia en los hombres y la menopausia en las mujeres no es un mito, es real, y deben enfrentarse como tal.

Por el perfecto equilibrio hormonal que identifica a las mujeres, la crisis tiene un fundamento más bien biológico, pero en el caso de los hombres, es más psicológico. Es decir, los hombres tienen una mayor predisposición psicológica a convertir en crisis esta etapa de transición, lo que ha llevado a varios especialistas a plantearse la idea de que, quizá, la crisis de la mediana edad que experimentan se trata de un asunto cultural.

En nuestra sociedad occidental se valoran más los aspectos relacionados con la edad, la apariencia y la productividad, de manera que, en este período, el tiempo cobra importancia y todo comienza a verse desde el ángulo de los logros, lo vivido y quiénes somos; incluso nos importa más lo que dicen de nosotros y cómo nos ven los demás. El tiempo es relevante porque se experimenta la sensación de que este se "acorta". A esta sensación se aúnan esos cambios físicos que mencionamos y que se han acentuado, por más que nos esforcemos en proclamar que todavía somos jóvenes. Lo recurrente de los comentarios nos ubica en el hecho de que estamos en una nueva etapa de la vida: ¡han llegado los años de la edad adulta! Y esto hay que celebrarlo en lugar de convertirlo en una crisis o en un problema.

EL INICIO DE LA CRISIS

El margen entre los 40 y los 50 años es una edad intermedia entre la juventud y los años dorados, es una línea fronteriza que podría verse frágil. No es una edad clara, porque aún se siente la fuerza de la juventud, pero se mezcla con cambios físicos significativos y acelerados.

Es cuando aparecen los pensamientos negativos que comienzan a producir frustración y disgusto, y queremos detener el tiempo y ocultar los cambios físicos. Ahí es donde más podríamos percatarnos del inicio de la crisis. Es un inicio difícil porque se vive en negación y se libra una lucha interna. Surge una sensibilidad emocional que parecía haberse superado, pero no, continúa ahí. Los temores se tornan más profundos y aparecen los fantasmas de la edad adulta. La crisis tiene su origen en la negación de admitir la realidad de que los "años grandes" han tocado a la puerta.

Un caballero de 50 años lo describió: "Mientras jugaba, me imaginé la jugada que siempre me salía a la perfección, pero cuando le di la orden al cuerpo, este no respondió de la misma forma. Las habilidades han comenzado a cambiar, pero me resisto a admitirlo". O bien, como lo dijo otro atlético y competitivo hombre de 44 años: "Escuché que llamaban a un señor y yo buscaba al caballero, hasta que me di cuenta de que el señor era yo".

Las personas que viven la crisis de la mediana edad suelen comportarse de forma extraña, como si de repente estuvieran de vuelta en la adolescencia. Se vuelven irritables, se aíslan, tienen gustos extraños o, más bien, extravagantes. Se confunden entre lo que quieren y lo que aman, quisieran vivir algo más emocionante, algo que les permita vivir una ilusión extinta por las responsabilidades de la vida. Viven como si quisieran probar algo: que todavía son jóvenes.

Algunos comienzan a salir con mujeres más jóvenes para probarse que todavía son capaces de conquistar, todo porque están detrás de nuevas emociones, pero terminan complicados a causa de la diferencia de edad. Otros quieren vivir la "adolescencia" que sienten y que no pudieron vivir en su momento. Normalmente, esto lo experimentan los hermanos mayores que asumieron responsabilidades desde temprana edad.

Siempre se pensó que las luchas internas que se experimentan mientras se crece, se quedaban en la adolescencia, pero ahora se está viviendo una segunda adolescencia, donde hay una crisis de identidad y resistencia a madurar. Las responsabilidades familiares parecieran producir cansancio, y la vida podría haberse convertido en una rutina.

Cualquier tipo de crisis tiende a darse cuando lo establecido se cuestiona, y cuando se enfrenta una nueva etapa en la vida. Es cuando aparece una sensación de desequilibrio y de emociones encontradas, y es cuando nos hacemos preguntas que no encuentran respuestas. En este escenario es cuando surge una tierra fértil para hablar de la crisis de la mediana edad.

Es crisis en tanto nos neguemos a admitir que llegaron los 40 o los 50, pero es también una oportunidad de realización cuando aceptamos esa realidad. En otras palabras: la crisis puede convertirse en una gran oportunidad.

En esta misma etapa, otras personas experimentan realización, estabilidad y plenitud.

LA MANERA TRADICIONAL DE AFRONTAR LA CRISIS

A pesar de que podrían existir mejores formas de manejar la crisis de la mediana edad, la falta de información y sucumbir a lo que la mayoría de las personas piensan, hace que nos veamos inmersos en actitudes poco provechosas. La primera de ellas es negar la realidad de que estamos experimentando los cambios propios del crecimiento; estamos en una etapa de transición, y nos resistimos a soltar ciertas cosas, pero realmente ignoramos que podemos desarrollar otras.

También solemos dar cabida a sentimientos depresivos, lo cual puede ser muy tentador si se trata de solo "dejarse ir" y nada más, pero lo cierto es que este estado nos impide ver más allá de lo físico. Aislarnos es otra forma de afrontar la crisis de la mediana edad. Refugiarnos en nosotros mismos debería ser algo agradable, sin embargo, hacerlo solamente como una forma de escape de nuestra propia insatisfacción, impedirá dar ese salto para crecer como persona.

Asimismo, nos dejamos vencer por el temor a envejecer, lo que casi siempre desemboca en que llegamos a descuidar nuestra presentación, la apariencia física, el cuidado personal y desatendamos los consejos médicos.

EL PAPEL DE LA SOCIEDAD

Muchas veces la forma en la que interpretamos esta etapa de la vida está determinada por la forma en la que la sociedad interpreta estos años de acelerados cambios. Puede ser una crisis biológica y psicológica, pero también social. Si para el grupo social entrar a los "años grandes" es turbulento o decadente, será difícil envejecer. Pero si para la sociedad, vivir los años de la adultez es honroso y altamente productivo, será menos pesado pasar la frontera hacia la mediana edad.

Tristemente, para la sociedad occidental, la apariencia tiene mucho que ver con el "éxito". Hoy se vende más la imagen que el desarrollo del ser. Esto ha llevado a una exaltación desmedida de la apariencia juvenil y a un menosprecio de los "años grandes".

Un mito que ha hecho mucho daño es creer que la felicidad está en la "eterna juventud". Esto genera resistencia al proceso natural de crecer, madurar y envejecer. Pero en lugar de resistir el proceso natural de crecer, debemos amarlo y aceptar la edad que tenemos como un regalo de Dios.

Una tendencia equivocada en la mediana edad es competir con los más jóvenes. Esta es una trampa, porque no nacimos para competir con los demás, nacimos para superarnos a nosotros mismos.

Se ha estudiado que las personas de zonas rurales no viven con la misma intensidad esta crisis, porque no están influenciados por el fenómeno de la apariencia. Igualmente sucede en otras sociedades no occidentales. Las personas que dependen más de lo externo para expresar su éxito, están más expuestas a vivir la mediana edad como una crisis de grandes dimensiones. Visto desde este punto de vista, la crisis de la mediana edad está determinada por el entorno social, más que por cualquier otro elemento.

Por lo tanto, podría decirse que la mediana edad no justifica las actitudes irresponsables o aventureras, como buscar una nueva conquista para probarnos que todavía podemos hacerlo. O bien menospreciar a los que nos han amado todos estos años, por ir tras nuevos amores, o aferrarnos a una imagen a toda costa, inclusive con cirugías constantes y tratamientos costosos para tratar de ocultar las marcas de los años.

Envejecer significa experimentar cambios biológicos, psicológicos y sociales, lo cual requiere capacidad de adaptación, y este es uno de los ejercicios más importantes que debemos realizar. Crecer no tiene que ser una crisis, por el contrario, debe ser un viaje placentero a la madurez. Para esto debemos vivir los duelos, soltar lo que ya no existe, ajustarse a la realidad presente y vivir con intensidad los recuerdos. Amemos nuestro presente porque es lo único que existe, y Dios nos lo ha dado como una oportunidad para realizarnos y para vivirlo al máximo.

ELABOREMOS UNA RUTA A SEGUIR

Los expertos recomiendan que se elabore una ruta a seguir que permita anticipar los "años grandes". Crecer es un proceso que debe vivirse con la meta de tener una buena calidad de vida; es un proceso que requiere ser anticipado y planificado, y para ello es necesario prever los años que vienen. Para enfrentar los sentimientos de frustración o angustia, propios de una etapa de transición, no debemos permitir que nos tomen por sorpresa, sino prepararnos para interpretar correctamente lo que estamos viviendo.

Primero que todo, es importante leer las señales que anuncian que estamos frente a un momento de cambio: nos cansamos más, tenemos un sentimiento de nostalgia, estamos más sensibles e irritables, las relaciones se tornan tensas, desvalorizamos lo que hemos logrado, experimentamos un sentimiento de insatisfacción, pensamos que lo que era importante ahora ya no lo es. Esto implica que debemos detenernos para valorar lo que hemos logrado, apreciar a las personas que han pagado el precio a nuestro lado y dar gracias a Dios porque hasta aquí nos ha ayudado.

Luego, debemos construir un proyecto para la segunda mitad de la vida, algo que indique el camino claramente, para no confundirnos con las emociones que suben y bajan. Elaboremos un inventario de los logros alcanzados y de los recursos con los que contamos para llegar a la meta propuesta. Apreciemos nuestras capacidades y las inteligencias que nos identifican. Definamos claramente nuestra meta, hacia dónde nos dirigimos, qué esperamos haber alcanzado en 10 y 20 años. Evaluemos nuestros logros, apreciemos nuestro proyecto de vida y decidamos que viviremos cada etapa con intensidad y realismo.

PASO A PASO

Será determinante para enfrentar la crisis de la mediana edad, haberse realizado como persona. Si la persona anticipó estos años y alcanzó lo que se había propuesto, experimentará realización, pero si la persona siente que "le agarró tarde" para lograr sus metas, la crisis la golpeará fuertemente.

No obstante, los 40 y los 50 no tienen por qué transformarse en una crisis, más bien pueden convertirse en una gran oportunidad para crecer, disfrutar y afinar el rumbo de la vida. Han llegado los maravillosos "años grandes", donde se combina juventud con experiencia.

Cuando los "años grandes" llegan, no hay vuelta atrás, no podemos distraernos, y no hay tiempo que perder. Es necesario hacer los ajustes para vivirlos con intensidad. Los "años grandes" son sinónimo de productividad, y esto se alcanza cuando la persona logra reconocer y aprovechar al máximo su potencial.

El primer paso es renunciar a lo que pasó y concentrarnos en el presente. Una vez hecho esto, debemos conquistar nuestro yo interno. El entorno no es responsable de lo que sentimos y vivimos.

+ La principal arma para enfrentar esta etapa es la fortaleza emocional y la espiritual: procurémoslas.

Si la persona ha luchado con complejos durante la juventud, en este momento se acentúan, pero si es alguien con una buena aceptación personal, enfrentará los cambios con mayor naturalidad. Por eso, aceptémonos tal cual somos, no nos descalifiquemos, esto transforma la crisis en oportunidad.

+ Si nos aceptamos tal cual somos, la vida adquiere color.

Además, debemos estar pendientes de otras áreas de nuestra vida…

+ Alimentémonos saludablemente (el metabolismo ha cambiado).

+ Mantengámonos activos, hagamos ejercicio.

+ Atendamos las recomendaciones médicas, hagamos los exámenes médicos de rigor; ayudémonos todo lo que podamos, pero sin obsesionarnos.

Los cambios deben verse como algo natural, así que no tengamos miedo a descubrir nuevos intereses, y debemos divertirnos mientras avanzamos en esta etapa.

+ Cuidemos nuestras relaciones familiares, ellas son el soporte más importante que tenemos.

+ Valoremos a las personas que han pagado el precio con nosotros.

+ Permitamos complementarnos con esas personas que nos aceptan y aman.

+ Tengamos relaciones saludables y estables con otros; es bueno rodearse de las personas correctas.

+ Redescubramos nuestro mundo, cambiemos lo que haya que cambiar y perdamos el miedo a crecer: la meta principal es tener calidad de vida.

+ Vivamos al máximo la vida, pero vivámosla más despacio.

+ Informémonos y eduquémonos al respecto.

Ha llegado el momento de comenzar de nuevo, ya no para satisfacer una imagen social, sino más bien para encontrarnos con nuestro ser más profundo.

Dios promete estar con nosotros en cada etapa de la vida y aún más en los años grandes. Así lo dijo en Isaías:

Escúchame, familia de Jacob, todo el resto de la familia de Israel, a quienes he cargado desde el vientre, y he llevado desde la cuna. Aun en la vejez, cuando ya peinen canas, yo seré el mismo, yo los sostendré. Yo los hice, y cuidaré de ustedes; los sostendré y los libraré. (Isaías 46:3-4)

Los que confían en el Señor y ponen en Él su confianza, florecerán y serán fructíferos en cada etapa de sus vidas. Así lo declara el salmista.

> *Como palmeras florecen los justos; como cedros del Líbano crecen. Plantados en la casa del Señor, florecen en los atrios de nuestro Dios.* **Aun en su vejez, darán fruto; siempre estarán vigorosos y lozanos, para proclamar: «El Señor es justo; él es mi Roca, y en él no hay injusticia.** (Salmos 92:12-15)

6

LOS QUE ESCRIBEN LA HISTORIA

Las circunstancias difíciles escriben las mejores historias. La historia la escriben personas valientes, que en lugar de rendirse se mantienen firmes en el cumplimiento de la misión que les inspira, se reinventan mientras avanzan y creen que Dios cumplirá la promesa que un día les hizo.

La vida muchas veces nos hace pasar por momentos difíciles, y solo están ahí para ser superados. Son estas circunstancias difíciles las que nos ayudan a ver panoramas que no habíamos visto, y a descubrir personas maravillosas que no habíamos conocido. Le transcribo una historia del libro de los Hechos de los Apóstoles. Allí, por causa de la persecución, los discípulos se tienen que dispersar, y es en medio de esta adversidad que la Iglesia se expande y crece.

Los que se habían dispersado a causa de la persecución que se desató por el caso de Esteban llegaron hasta Fenicia, Chipre y Antioquía, sin anunciar a nadie el mensaje excepto a los judíos. Sin embargo, había entre ellos algunas personas de Chipre y de Cirene que, al llegar a Antioquía, comenzaron a hablarles también a los de habla griega, anunciándoles las buenas nuevas acerca del Señor Jesús. **El poder del Señor estaba con ellos, y un gran número creyó y se convirtió al Señor.** La noticia de estos sucesos llegó a oídos de la iglesia de Jerusalén, y mandaron a Bernabé a Antioquía. Cuando él llegó y **vio las evidencias de la gracia de Dios, se alegró y animó a todos a hacerse el firme propósito de permanecer fieles al Señor,** pues era un hombre bueno, lleno del Espíritu Santo y de fe. Un gran número de personas aceptó al Señor. Después partió Bernabé para Tarso en busca de Saulo, y cuando lo encontró, lo llevó a Antioquía. Durante todo un año se reunieron los dos con la iglesia y enseñaron a mucha gente. Fue en Antioquía donde a los discípulos se les llamó «cristianos» por primera vez.

(Hechos 11:19-26)

En la iglesia de Antioquía eran profetas y maestros Bernabé; Simeón, apodado el Negro; Lucio de Cirene; Manaén, que se había criado con Herodes el tetrarca; y Saulo. **Mientras ayunaban y participaban en el culto al Señor,** el Espíritu Santo dijo: «**Apártenme ahora a Bernabé y a Saulo para el trabajo al que los he**

*llamado». Así que después de ayunar, orar e imponerles
las manos, los despidieron.*   (Hechos 13:1-3)

La adversidad hace que se escriban historias en nuevos
lugares, que se descubran fuerzas ocultas, que se inspiren
nuevas amistades y que se cumplan los planes de Dios. Al llegar
a Antioquía, algunas personas de Chipre y de Cirene comenzaron a hablarles también a los de habla griega las buenas nuevas
acerca del Señor Jesús. Esto no hubiera ocurrido en tiempos
normales, porque no estaba en los planes de los discípulos, y
tampoco lo consideraban como algo posible. Pero Dios siempre se encarga de extender el sitio de nuestras tiendas a lugares
que no conocíamos. Por eso, no debemos protestar por lo que
nos ocurre, más bien debemos estar listos para aprovechar las
oportunidades que se presentan al máximo, dejar que Dios
nos sorprenda y caminar con expectativa por lo que Él tiene
para nosotros en el futuro.

Le doy algunos ejemplos de personas que no se rindieron
a pesar de la crítica, la adversidad, resultados negativos y el
desánimo.

Cada genio y cada inventor pudo haber sido un "fracasado". A cada persona de éxito, en algún momento alguien lo
hizo sentir mal, lo menospreció, y seguro que le cerraron las
puertas, pero ellos se sobrepusieron al momento, y amando
y creyendo en lo que hacían, avanzaron en lo que les inspiraba. Por ejemplo, a Amadeus Mozart, uno de los más grandes
genios musicales, el emperador Fernando le dijo que su ópera
"Las bodas de Fígaro" era "demasiado ruidosa" y que tenía

"demasiadas notas". No podemos depender de los gustos de los demás para validar lo que estamos haciendo. Posiblemente estemos adelantados en el tiempo y los demás no se han dado cuenta. Si su corazón se apasiona por una causa justa, insista en avanzar y no baje la guardia.

El pintor Van Gogh, cuyos cuadros alcanzan actualmente cifras astronómicas cuando se ponen a la venta, durante toda su vida vendió solo un cuadro. ¡Se imagina la frustración que podría experimentar ante la crítica, el menosprecio y los comentarios adversos! Muchas veces todos hemos deseado abandonar porque nos parece injusta la forma en que nos tratan las personas a las que hemos ayudado en el pasado. Todos vamos a ser criticados y menospreciados por los que no nos comprenden. Pero nada debe detenernos, y menos dejar que el resentimiento se apodere de nosotros. Es tiempo de concentrarnos en desarrollar los dones que tenemos. Si le critican, siga con más ánimo, y si le menosprecian, lo más importante es que usted crea en lo que hace. ¡Por nada del mundo renuncie! Siga escribiendo la historia, que mañana todos lo celebrarán.

Albert Einstein no habló hasta los cuatro **años y apr**endió a leer a los siete. Su maestra lo calificó como "mentalmente torpe". Fue expulsado de la escuela y no fue admitido en el Politécnico de Zurich. Un maestro de Múnich le dijo que "nunca llegaría muy arriba".

No se rinda antes de tiempo, porque posiblemente esté en el experimento número 1999, es decir, a punto de escribir una historia sorprendente. Aunque otros quieran que abandone, no lo haga; aunque le critiquen, no se rinda. Insista y siga adelante en eso que sabe que un día será una realidad.

A la mayoría de las personas que han alcanzado el éxito, se les ha dado razones para que crean que han sido unos fracasados. Todos, en diferentes momentos, hemos experimentado el menosprecio de los demás, la descalificación de un profesor, el rechazo de un entrenador y, a pesar de eso, hemos perseverado. Frente a la adversidad, el rechazo y los errores cometidos, las personas de éxito siguen creyendo en ellos y rehúsan claudicar en llevar adelante lo que inspira sus vidas. Si nos rendimos antes de tiempo, podríamos lamentarlo en el futuro y dejar de crear algo que marcaría la historia de nuestra generación.

En una ocasión, mis compañeros Reed Olson y Yuri Mantilla me llamaron para que hablara con el ministro de Relaciones Exteriores de mi país, para sugerirle que Costa Rica liderara la firma de un tratado mundial contra todo tipo de clonación humana. Cuando me llamaron me parecía una idea muy exagerada, algo imposible de lograr. La primera pregunta que me hice fue ¿por qué el ministro de Relaciones Exteriores me daría una cita? Me estaba menospreciando, y posiblemente esto lo alimentaba el origen rural de mi familia. Pero envié la solicitud de la audiencia y un mes después me la concedieron. Tenía media hora para dialogar con el ministro y exponer el tema, pero los primeros veinte minutos el señor ministro me habló de su familia y de los retos en su función. Luego me dijo, "tenemos diez minutos, ¿en qué puedo servirte?". En ese momento expuse la idea y su promesa fue que lo presentaría al presidente de Costa Rica porque le parecía una excelente idea.

Unos meses después, recibí una llamada del Ministerio de Relaciones Exteriores indicando que el señor ministro me invitaba a una reunión oficial en la Cancillería. Estaría todo el cuerpo diplomático acreditado en el país, y me imaginé que era una cortesía. No me informaron el propósito de la reunión, pero asistí gustosamente.

El protocolo se ejecutaba con la solemnidad propia de una reunión oficial y, de repente, se abre la puerta; todos los embajadores recibieron al Canciller con el respeto correspondiente.

Sus palabras fueron: "Les he convocado porque, por instrucciones del señor presidente de Costa Rica, viajo a la Asamblea General de las Naciones Unidas con la propuesta de que Costa Rica lidere una iniciativa mundial para que se prohíba la clonación humana. Esta idea me fue presentada por mi amigo Sixto Porras, de Enfoque a la Familia, y la hemos acogido, porque creemos que podemos lograrlo. Ya contamos con el respaldo del Vaticano y varios países aliados. Pido el respaldo de sus países para lograr que sea una realidad". El señor ministro me puso de pie y tuvo palabras de aprecio por la idea.

Al final del mandato gubernamental, fui invitado nuevamente a un evento oficial con el cuerpo diplomático, en el que el ministro de Relaciones Exteriores expondría los principales logros. Nuevamente el ministro me puso de pie y agradeció por la iniciativa, porque fue el proyecto más importante del gobierno en temas de política exterior. Esto le permitió a

Costa Rica recibir varios reconocimientos y, sobre todo, protegimos la dignidad de la vida humana, porque con ella no se experimenta.

Le confieso que muchas veces dudé en enviar la solicitud al Ministerio de Relaciones Exteriores, pero doy gracias a Dios que pude ser fiel al llamado que a mis dieciocho años había recibido.

Superar nuestros complejos y temores tiene su recompensa y, sobre todo, superar la adversidad forma nuestro carácter. Le dejo con algunos beneficios que tiene superar los momentos de duda y la adversidad:

+ Nos motiva.

+ Crea resistencia.

+ Desarrolla madurez.

+ Mejora nuestro rendimiento.

+ Provee oportunidades.

+ Nos lleva a la innovación.

+ Nos inspira a realizar cosas nuevas.

Debemos buscar el beneficio que produce cada experiencia. La mayoría de las veces uno crea su propia historia a través del trabajo duro, practicar la autodisciplina, ser persistente y hacer del crecimiento personal una prioridad diaria. Agregue a eso las bendiciones de un Dios amoroso y no tendrá que depender de la suerte, porque hay personas que creen que el éxito es cuestión de suerte, y eso está lejos de la verdad. El éxito es consecuencia de personas que, a pesar de sus miedos y complejos, se atreven a hacer cosas nuevas, persisten en caminar en la dirección correcta y se apasionan en lo que hacen.

Más que cualquier otra cosa, lo que hace que una persona siga adelante en medio de la adversidad, es un claro **sentido de propósito y destino.** Es el combustible que da poder a la perseverancia.

Siempre debemos tener un propósito en la vida que nos inspire, y nos haga ver el mañana como el cumplimiento de los sueños del presente. Elimine las excusas, porque estas nos detienen y nos llenan de miedo. Persevere, aunque otros quieran que abandone, aunque nadie le crea, aunque esté cansado. Crea que pronto vendrán los resultados que espera. Mientras perseveramos, crecemos, maduramos y descubrimos oportunidades maravillosas.

Nunca se estigmatice como una persona fracasada, a pesar de los momentos difíciles que ha vivido, la crítica y el desánimo. Es tiempo de fijar la mirada en la recompensa final y de creer que fue Dios quien nos llamó a hacer lo que hacemos.

Los fracasos son solo acontecimientos que todos vivimos, y están ahí para ser superados. Los fracasos son cosas temporales, cosas que ocurren y forman nuestro carácter. Son circunstancias que nos hacen mejores personas.

Concéntrese en lo que puede hacer y hágalo bien. Desarrolle sus capacidades, su inteligencia, y aprenda de los demás. Cada circunstancia es una oportunidad para aprender, y podría ser que lo que tenemos que cambiar es la estrategia, buscar un nuevo ambiente, o bien modificar nuestra forma de pensar.

Cuando las cosas no salen bien, o los resultados no son los mejores, debemos insistir y perseverar en hacer lo correcto. Vuelva a intentarlo si cree que está en el lugar correcto y haciendo lo que le apasiona. No tome los errores como algo personal, simplemente son parte de la vida, y todos lo vivimos. El secreto consiste en no vernos como una persona fracasada, sino que vivimos una circunstancia que debemos superar.

Lo que usted cree y lo que piensa, pone el fundamento para determinar la forma en la que actúa, revela su carácter y anuncia su destino. La conducta equivocada es aprendida, se instala cuando la aceptamos como válida, y se fundamenta en las creencias que tenemos. Por eso, si tenemos prácticas o pensamientos dañinos, trabájelos para erradicarlos de su vida.

Lo que usted cree determina la forma en la que se relaciona con las otras personas y con usted mismo. Por eso, siempre debemos cuestionar si lo que hemos aceptado como válido es lo correcto, y esto lo debe confrontar con las verdades eternas reveladas en la Biblia.

Los discípulos tenían la visión que Jesús había sembrado en sus corazones, que el Evangelio sería predicado a todas las naciones de la tierra y serían guiados por el Espíritu Santo. Por eso vivían cada circunstancia como el cumplimiento del plan de Dios.

Una persona con visión es capaz de influenciar el lugar donde está. *"...Al llegar a Antioquia, comenzaron a hablarles... anunciándoles las buenas nuevas acerca del Señor Jesús"* (Hechos 11:20) No lo cuestionaron, no se quejaron, ni lamentaban lo que les ocurría; cumplieron la misión que les había sido encomendada. Quienes vivieron en fidelidad al llamado de Dios fueron testigos del avivamiento en Antioquía, y fue ahí donde Dios confirma el llamado de Pablo y Bernabé. Dios siempre va más lejos de lo que vemos y podemos imaginar.

Bernabé busca a Pablo y lo trae con él a Antioquía. Juntos sirven a Dios con pasión y entrega, y mientras lo hacen son llamados a algo más grande. Así se aventuran a la conquista del mundo conocido. Sume a otros en la aventura de fe que inspira su vida y determine influenciar a la nueva generación en esta misión.

Es interesante que los discípulos que salen en la dispersión no son conocidos, ni tienen nombre, sin embargo, cumplen la misión encomendada por los apóstoles. La historia la escriben los que se atreven, y no necesariamente los que tienen nombre o son famosos. ¿Cuál era el nombre de quien inició el avivamiento en Antioquía? Nunca se menciona, pero lo que ocurrió ahí fue el inicio de una historia maravillosa, porque Pablo y Bernabé llenan el mundo que se conocía en ese entonces por haber recibido el evangelio.

Cuando Dios está en el corazón, surge una pasión que emerge naturalmente donde quiera que estemos. No importa la edad, usted y yo debemos tener una misión que cumplir en esta vida.

Dios no llama instituciones, llama a personas, y no importa dónde estén, la gracia que les ha sido dada a cada uno, dará su fruto. Todo nace con un deseo, que se convierte en un compromiso con una misión asignada por Dios. Es por esto que necesitamos conocer a Dios, vivir a Dios, y experimentar a Dios. NO hay vida sin Dios guiando nuestro destino.

Una visión que apasiona, transforma una persona común en extraordinaria; y lo ordinario de las cosas, en extraordinarios acontecimientos. Fue ahí en Antioquía que por primera vez se les llama "cristianos" a los seguidores de Jesús, y Pablo es llamado al ministerio de predicar el evangelio a los gentiles. Cuando dejamos que una visión nos apasione, estamos ante el desarrollo de un líder en potencia.

Quien nunca tiene un sueño que le apasione, nunca llegará a ninguna parte; pero quien es movido por una visión que apasione su vida, no importa dónde llegue, el lugar será transformado. Somos lámparas puestas en lugares altos para iluminar a otros.

Las personas más efectivas son las que siempre tienen una visión que les inspire, una misión que les motive, un reto por alcanzar, y las que dejan que sea Dios quien les guíe. Así lo vivieron los discípulos en la dispersión. *El poder del Señor estaba con ellos, y un gran número creyó y se convirtió al Señor.* (Hechos 11:21)

Si algo es de Dios, prevalecerá en el tiempo, crecerá a pesar de que no existan los recursos o las circunstancias más ventajosas. Si algo prospera, es por gracia de Dios, porque el que nos envió está caminando con nosotros. Toda buena dádiva y todo don perfecto viene del Padre de las luces, del Dios de los Cielos, del Rey Invisible, del todopoderoso Dios, del Señor de señores. Por eso, toda la gloria es de Él, no nos pertenece a nosotros. Debemos asegurarnos de que lo que estamos haciendo es la voluntad de Dios, y que estamos siendo guiados por Él.

Si jugamos con una pelota de fútbol, es un balón que cuesta unos veinte dólares, pero si la ponemos en los pies de Messi, vale millones. No depende del valor del balón, depende de los pies de quien la toca. Por eso, dejemos que nuestra vida sea guiada por Dios.

Una vara de madera en nuestras manos es solo un trozo de madera. En las manos de Moisés, es capaz de separar las aguas para que el pueblo pase en seco. No depende del tipo de madera, o dónde fue adquirida, el poder de la vara lo determina quien nos envió, quien nos empoderó y quien nos acompaña. Dios le dijo a Moisés, *"ve porque yo estaré contigo"*. Esta es la promesa que convierte lo ordinario en extraordinario y lo circunstancial en sublime. Déjese sorprender por Dios, porque Él siempre va más lejos de lo que podemos imaginar.

David, al enfrentar al gigante Goliat, tenía una honda en sus manos y cinco piedras, pero estaba a punto es escribir una historia gloriosa, porque había visto a Dios en el campo cuando cuidaba las ovejas de su padre. Si hemos visto a Dios en las pequeñas cosas, lo veremos hacer grandes milagros.

Dos peces y cinco panes en circunstancias normales son un buen almuerzo, pero cuando lo pongo en las manos de Dios, pueden alimentar a más de cinco mil personas. Depende de la actitud que tengamos en el momento preciso, eso es lo que hace la diferencia.

Cuando salimos de viaje, es una aventura; pero si vamos guiados por Dios, puede transformar Antioquía y cambiar el destino de millones de personas. Por eso creo que debemos vivir con la expectativa de lo que Dios hará en los años que vienen. Antioquía fue la escuela donde Pablo y Bernabé se formaron, ahí fueron confirmados varios profetas y maestros, y fue el inicio del avivamiento para el mundo gentil. Todos debemos vivir en el centro de la historia, con la convicción de que Dios está cumpliendo sus planes con nosotros. Para esto, debemos tener la actitud correcta, como la tuvo Bernabé: *"…pues era un hombre bueno, lleno del Espíritu Santo y de fe"* (Hechos 11:24).

Para que vivamos un tiempo de crecimiento y multiplicación, debemos desearlo fervientemente, y para que dure en el tiempo, debemos ser consistentes, leales y perseverar hasta el final. Este tipo de resultados, solo lo alcanzan las personas que tienen un carácter bien fundamentado.

Hoy vivimos en un mundo donde la imagen es lo más importante, aun tenemos especialistas en desarrollarla, pero esto es efímero, pasa con el tiempo y los resultados no duran.

Es solo un instrumento para ser popular. En cambio, si fundamentamos nuestra vida en el desarrollo del carácter, los resultados se extienden en el tiempo y la marca que dejamos en los demás es positiva.

La imagen es maquillaje. El carácter pulido por el tiempo y las circunstancias son las raíces que sostienen lo que hacemos.

Usted puede intimidar, impresionar y aparentar, pero si no hay congruencia con los valores que Dios ha establecido en su corazón, lo que hacemos será como la espuma, que hoy está y mañana desaparece. Tiene que haber propósito y carácter para que se dé un crecimiento consistente en nuestras vidas.

Las personas que tienen visión y son determinadas en lo que creen, tienen características que les identifican:

» Todo lo que hacen, lo hacen para Dios, y no se dejan influenciar fácilmente por sus detractores.

» Son excelentes en lo que hacen, por lo que buscan mejorar continuamente.

» Aprenden, estudian, se superan y crecen con el tiempo.

» Siempre tienen nuevas metas por alcanzar.

» Aprenden de lo vivido, y se superan a ellos mismos.

» No se comparan, son auténticos en su forma de ser.

» No se descalifican porque las cosas no sucedieron como planearon. Lo ven como circunstancias por superar.

» No compiten con las demás personas, se enfocan en superar sus propias marcas.

» Eligen sabiamente a sus compañeros de viaje.

¿Qué se necesita para mantenernos en un constante crecimiento?

» Desearlo siempre.

» Inspirar a los que están a nuestro lado, para que quieran superarse también.

» Vivir con sentido de misión todo lo que hacemos.

» Dejar que la visión que nos inspira saque lo mejor de nosotros

» Tener convicciones sólidas y mantenernos dependiendo de Dios en todo momento.

7

¿CÓMO ENFRENTAR LOS MOMENTOS DIFÍCILES?

"¿Por qué ha permitido Dios que me ocurra esto a mí?". Es algo que nos preguntamos cuando estamos viviendo momentos difíciles. Sin embargo, el Señor no se apresura en explicar lo que Él está haciendo y no siempre lo vamos a comprender todo.

En los momentos de incertidumbre, lo curioso es que no es el dolor el que causa el mayor daño emocional; **es la confusión que sentimos, el no tener respuestas es lo que hace trizas nuestras emociones;** las preguntas sin respuesta, los pensamientos que se acumulan en nuestra mente, los viajes de culpa que experimentamos, la vergüenza que sentimos, lo que creemos que los demás están pensando de nosotros, y la incertidumbre de cómo saldremos de la situación que nos agobia.

¿POR QUÉ OCURREN LAS SITUACIONES DIFÍCILES?

Ocurren para que Dios se glorificado en medio de las situaciones difíciles, y así podamos reconocer su amor, su misericordia y su perdón. Nos ocurren estas cosas para que nos encontremos con nuestro Dios personalmente y le volvamos a creer.

En algunos momentos es producto de nuestros actos pecaminosos o consecuencia de nuestras malas decisiones. Nos lo advirtieron y no escuchamos, sabíamos que estábamos haciendo lo incorrecto e insistimos en hacerlo, creímos que saldríamos como lo habíamos hecho antes, y en esta ocasión el mal nos alcanzó.

Nos ocurren estas cosas porque Dios lo permite para nuestro propio bien. Dios nos invita a que solo dependamos de su gracia y no de nuestra capacidad, porque su poder se perfecciona en nuestra debilidad. *Confía en el Señor de todo corazón, y no en tu propia inteligencia. Reconócelo en todos tus caminos, y él allanará tus sendas.* (Proverbios 3:5-6)

Nuestras propias explicaciones son parciales y nuestro tiempo no es el tiempo de Dios. Las historias que Dios escribe son tan maravillosas, que un problema en el presente puede ser un milagro en el futuro, y siempre Dios nos llevará a cosas mejores y más grandes de lo que habíamos imaginado. Así lo dice Isaías:

Porque mis pensamientos no son los de ustedes, ni sus caminos son los míos —afirma el Señor—. Mis caminos y mis pensamientos son más altos que los de ustedes; ¡más altos que los cielos sobre la tierra!. (Isaías 55:8-9)

Cuando tomamos la actitud correcta, todo toma su lugar. En una ocasión que compartía estos principios, Evelyn dijo: "A pesar de que no entienda nada de esta tragedia, yo confío en el Señor, y eso ha sido un tremendo consuelo". Por eso, nuestra parte consiste en tener el pensamiento enfocado en lo que Dios dice: *Tú guardarás en completa paz a aquel cuyo pensamiento en ti persevera; porque en ti ha confiado.* (Isaías 26:3 RVR60)

Debemos aprender a ver los momentos difíciles y las crisis como victorias potenciales, y como oportunidades para aprender y ser mejores personas. Alguien me dijo: "Ahora que me he levantado de mi crisis, tengo más compasión y misericordia con el que sufre. Antes juzgaba muy fácilmente a los demás y les decía que era falta de fe, hasta que vino mi momento de dificultad y ahora soy más tolerante con los demás".

Tener la actitud incorrecta ante los momentos difíciles nos lleva a tener conclusiones equivocadas:

- **Tendemos a culpar a los demás por lo que nos ocurre**, y esto nos llena de amargura y resentimiento. Pero lo más delicado es que esta actitud no nos permite asumir nuestra responsabilidad.

- **Podríamos estar repitiendo los mismos errores.** Porque en lugar de aprender de lo que vivimos, mantenemos las mismas prácticas y esquema de pensamiento. En una ocasión alguien me pidió un consejo para enfrentar sus malas decisiones en la administración de la empresa. Pasaron cinco años y nuevamente me buscó porque se había repetido la misma crisis. Le llevé expertos en el tema y le dieron los mismos consejos.

Quince años después, en una nueva crisis, me buscó nuevamente, los problemas eran los mismos porque sus prácticas administrativas no habían cambiado. Ahí me di cuenta de que esta persona nunca iba a cambiar porque se había acostumbrado a actuar de esta forma. Había creado una administración deficiente que producía los mismos problemas, y eso le hacía caer en crisis financieras serias.

Fue ahí cuando me di cuenta de que esta persona no cambiaría nunca, solo se lamentaba de lo que le ocurría por sus malas decisiones. Se hizo experto en lamentarse y siempre decía lo mismo: "Ya aprendí, ahora sé lo que debo de hacer". Él había desarrollado un estilo de vida enredado, le dolían las consecuencias, pero le agradaba la forma de administrar su vida. Las crisis eran cíclicas en él y las víctimas eran sus acreedores, sus trabajadores, y su familia.

Si no cambiamos nuestra forma de pensar sobre las crisis, podríamos llegar a creer que somos unos fracasados, y viviremos con el temor de que vamos a seguir fracasando. El riesgo es que nos estigmaticemos como personas fracasadas, y esto es peligroso porque aumenta el miedo y detiene nuestra iniciativa.

+ Podríamos rendirnos ante la crisis, creyendo que no podemos más, que ya no tenemos fuerza, que es imposible salir de esta situación. He escuchado a algunas personas llorar desesperados, y dicen: "ya no puedo más", "ya no tengo más fuerzas", "es imposible, de esta situación no me levanto." Este pensamiento es peligroso, porque podríamos aislarnos de los demás, deprimirnos y albergar pensamientos suicidas.

  Si está tan cansado que ya no tiene fuerzas, busque ayuda, busque un grupo de familiares y amigos que le acompañen y le nutran de fuerza y fe. Esta historia no se ha terminado de escribir, Dios nos va a sorprender si perseveramos en Él.

+ Puede que nos sintamos avergonzados por los errores que hemos cometido, pero olvidamos que todos nos hemos equivocado. David adulteró, pero se arrepintió, y el perdón que recibió lo redimió completamente, a tal punto de que Dios le dijo a Salomón su hijo: *En cuanto a ti, si me sigues con integridad y rectitud como lo hizo tu padre David...* (1 Reyes 9:4 NTV)

+ En medio de las crisis aparecen las malas influencias, y esto es peligroso. Pueden aparecer personas ofreciéndonos dinero fácil, o sugiriendo que transportemos sustancias ilegales a cambio de un premio económico. Pueden justificarlo diciendo que todos lo hacen, o bien que es nuestra oportunidad para salir de los enredos financieros en los que estamos. Conversaba con un amigo que luego de alcanzar su licenciatura y un puesto privilegiado en el extranjero, se comprometió mucho económicamente, y ante la oferta de un dinero fácil y de un "plan perfecto", aceptó el ofrecimiento.

Me dijo: "Uno termina esclavo de estas personas, nunca te dejarán en paz. Pierdes tu libertad, tu paz, tu seguridad y uno vive con miedo. Terminé en la cárcel en un país lejano por cinco años. Los años más duros de mi vida. Todo por un dinero que me salvaría de mis problemas financieros. Fue ahí cuando aprendí que no hay atajo para alcanzar el éxito".

Esta conversación estuvo acompañada de lágrimas, y las recordaré siempre. Terminó diciéndome: "Lo más triste era pensar en mis hijos, y con el paso del tiempo, mi dolor crecía porque sentía que la imagen de ellos se me comenzaba a borrar de mi mente".

✦ Otra tendencia equivocada ante una crisis es caer en la adicción a las pastillas para dormir, o bien a otras drogas. He visto a personas que intentando olvidar su realidad, se rindieron y quedaron atrapados en una adicción. Corra en la dirección contraria mientras aún hay tiempo. Busque ayuda lo más pronto posible, pero no se refugie en ninguna adicción porque solo es algo que aumentará el dolor cuando despierte. Siga las recomendaciones médicas, pero no se automedique.

Cuando tomamos la actitud correcta ante los momentos difíciles...

- Nos hacemos responsables de nuestras decisiones.

- Aprendemos de los errores cometidos.

- Admitimos que los momentos difíciles son parte de la vida y que todos debemos aprender a superarlos.

- Aprendemos a tener la mejor actitud ante la adversidad.

- Nos convertimos en personas discretas.

- A pesar de la adversidad que hemos enfrentado, lo volvemos a intentar.

- Aprendemos de la experiencia y procuramos no repetir los mismos errores.

- Nos convertimos en personas que perseveran.

- Elegimos inteligentemente a nuestros amigos y nos alejamos de las personas que no nos convienen o nos roban las fuerzas.

- Superamos el dolor de la traición, y comprendemos que las personas fallan.

- Reafirmamos nuestra confianza en Dios.

- Mantenemos la mirada en la meta final y nada nos distrae de lo que nos hemos propuesto.

- Somos personas que vivimos con ilusión.

Los momentos y las circunstancias difíciles...

- No se pueden evitar.

- No nos estigmatizan como personas fracasadas y tampoco nos descalifican para seguir intentándolo. Simplemente es una adversidad por superar.

- Son parte de la vida, y forman nuestro carácter y nuestro espíritu de lucha.

- No siempre vienen como consecuencia de un pecado.

- Son la antesala de cosas mejores.

- No siguen a ciertas personas, es algo que todos vivimos. *Cuando te vengan buenos tiempos, disfrútalos; pero, cuando te lleguen los malos, piensa que unos y otros son obra de Dios, y que el hombre nunca sabe con qué habrá de encontrarse después.* (Eclesiastés 7:14)

- No es cuestión de que algunos tienen buena suerte y otros no. Todos vamos a enfrentar momentos difíciles y también buenos tiempos.

ABRAHAM LINCOLN

Como bien los expresó el expresidente de los Estados Unidos, Abraham Lincoln, luego de enfrentar uno de los tantos momentos difíciles que tuvo que vivir: *"La vereda estaba desgastada y resbaladiza. Mi pie resbaló y dejó al otro pie fuera del camino, <u>pero me recuperé y dije para mis adentros: «Es un resbalón y no una caída»</u>".*

La adversidad y los malos tiempos nos permiten desarrollar la capacidad de ser interdependientes. Ninguno de nosotros es bueno en todo, por lo tanto, vamos a necesitar que alguien nos extienda una mano, nos otorgue un consejo, o bien nos anime mientras atravesamos un momento difícil. A Moisés le levantaron las manos cuando en medio de la batalla desfallecían sus fuerzas.

> *Mientras Moisés sostenía en alto la vara en su mano, los israelitas vencían; pero, cuando él bajaba la mano, dominaban los amalecitas. Pronto se le cansaron tanto los brazos que ya no podía sostenerlos en alto. Así que Aarón y Hur le pusieron una piedra a Moisés para que se sentara. Luego se pararon a cada lado de Moisés y le sostuvieron las manos en alto. Así sus manos se mantuvieron firmes hasta la puesta del sol. Como resultado, Josué aplastó al ejército de Amalec en la batalla.*
>
> (Éxodo 17:11-13 ntv)

Todos vamos a necesitar que nuestros amigos y familiares nos sostengan las manos en alto en algún momento, y en otro momento nos corresponderá sostener en alto las manos de nuestros hermanos. Por eso, llame al amigo que está pasando por un momento difícil. Acompañe a su hermano cuando esté sufriendo; y cuando no sepa qué decir, solo sosténgale en oración y con su compañía.

Abraham Lincoln, tras perder una contienda senatorial, definió la adversidad como aquello que permite que surjan de nosotros los mejores atributos. Es la adversidad lo que permite que desarrollemos la capacidad de compensar, es decir, concentrarnos en desarrollar aquello en lo que somos buenos, y aceptar las limitaciones naturales que tenemos. Se requiere una gran dosis de humildad para pedir ayuda, escuchar un consejo, o simplemente para llorar en el hombro del amigo.

Bien lo dijo Abraham Lincoln: "Soy un caminante lento, pero nunca camino hacia atrás". Por eso, no renuncie al sueño que por años le ha inspirado, no se rinda en amar a pesar de la decepción y de los momentos difíciles, insista en crear aquello que le da vueltas en la cabeza y que sabe que es realizable.

Viva intensamente su presente, eleve el nivel de sus sueños, apasiónese por lo que está adelante, aprenda de las experiencias que ha vivido, y deje que Dios sea su refugio y su roca sobre la cual edifica su proyecto. Todos los caminos al éxito pasan por la tierra de la dificultad, por los momentos difíciles que no imaginamos que vendrían, pero de cada uno de ellos, sacaremos lecciones maravillosas.

Si fallo mientras intento hacer algo bueno, no significa que soy un fracasado, significa que estoy caminando: que lo intenté; que hay algo por mejorar; y que debo volver a insistir.

Las personas que insisten en superar los momentos difíciles...

+ Reconocen que los problemas son circunstancias temporales y no cosas que duran para siempre.

+ Saben que los fracasos y los errores que cometen son cosas aisladas, y no un mal que los seguirá toda la vida.

- Saben sacudirse el polvo de la culpa, la crítica de los demás y la vergüenza que acongoja.

- Nunca se estigmatizan como personas fracasadas, sino que se definen a sí mismas como personas emprendedoras, luchadoras, visionarias de cosas mejores, y que nunca se rinden.

- Se concentran en lo que saben hacer, y dejan de intentar ser buenos en lo que no lo son.

- Son personas que se dejan acompañar por otros.

- Son auténticas, y renuncian a la envidia y la codicia.

- Siempre insisten, porque saben que el éxito solo llega cuando se persevera hasta el final.

- Son luchadoras, alegres, y tienen una alta dosis de contentamiento, porque saben que el verdadero éxito consiste en disfrutar el camino que se recorre y los milagros que día a día Dios nos concede.

- Tienen una buena actitud ante la adversidad. Buscan soluciones, no culpables.

No pierda la esperanza, aun cuando otros digan que es una situación perdida. No se rinda ante la circunstancia, aunque otros crean que lo que ha soñado es un imposible.

Los que miran el mañana con esperanza, siempre son la minoría, si no, que lo digan Josué y Caleb, cuando fueron a espiar la tierra prometida. Ante el desánimo que causaron los otros 10 espías, ellos insistían en que si Dios les había prometido esta tierra, la iban a poseer. Este fue el reporte de los espías que Moisés había enviado trajeron:

Después de explorar la tierra durante cuarenta días, regresaron a Cadés, en el desierto de Parán. Allí estaban Moisés, Aarón y todos los israelitas. Y les contaron lo que habían averiguado y les mostraron los frutos del país. Le dijeron a Moisés:

—Fuimos a la tierra a la que nos enviaste. Realmente es una tierra donde la leche y la miel corren como el agua, y éstos son los frutos que produce. Pero la gente que vive allí es fuerte, y las ciudades son muy grandes y fortificadas. Además de eso, vimos allá descendientes del gigante Anac. En la región del Négueb viven los amalecitas, en la región montañosa viven los hititas, los jebuseos y los amorreos, y por el lado del mar y junto al río Jordán viven los cananeos.

Entonces Caleb hizo callar al pueblo que estaba ante Moisés, y dijo:

—¡Pues vamos a conquistar esa tierra! ¡Nosotros podemos conquistarla!

Pero los que habían ido con él respondieron:

—¡No, no podemos atacar a esa gente! Ellos son más fuertes que nosotros.

Y se pusieron a decir a los israelitas que el país que habían ido a explorar era muy malo. Decían:

—*La tierra que fuimos a explorar mata a la gente que vive en ella, y todos los hombres que vimos allá eran enormes. Vimos también a los gigantes, a los descendientes de Anac. Al lado de ellos nos sentíamos como langostas, y así nos miraban ellos también.* (Números 13:25-33 DHH)

Ante toda circunstancia todos debemos elegir cómo vamos a responder ante la familia y los nuestros. Si lo hacemos con temor, vamos a robar el ánimo y podríamos producir confusión, rebeldía y caos. O bien, si tomamos la actitud de Caleb y Josué, vamos a fortalecer la fe, la esperanza y la confianza en Dios. Moisés les dijo ante esta circunstancia:

Entonces yo les respondí: «No se alarmen. No les tengan miedo. El Señor su Dios marcha al frente de ustedes y combatirá por ustedes, tal como vieron que lo hizo en Egipto y en el desierto. El Señor su Dios los ha tomado en sus brazos durante todo el camino que han recorrido hasta llegar a este lugar, como un padre que toma en brazos a su hijo». (Deuteronomio 1:29-31 DHH)

Las fuerzas se renuevan cuando recordamos los milagros que hemos visto en el pasado, cuando somos conscientes de que estamos en este lugar porque la mano de Dios nos ha sostenido en los momentos difíciles. Nuestra fe crece cuando recordamos que lo que vivimos es el cumplimiento de una promesa que Dios nos hizo en el pasado, y que como un padre amoroso nos seguirá sosteniendo. Dios ha estado con nosotros todo el camino y nos ha prometido estar cerca lo que resta del recorrido, por eso, cobre ánimo y persevere. Vuelva a levantarse y créale a Dios, porque Él es fiel para cumplir lo que ha prometido.

Si olvidamos los milagros que hemos visto, perdemos la fe, la esperanza y la ilusión por volverlo a ver en el futuro. Por eso Dios nos recuerda de dónde nos ha levantado, cómo nos ha alimentado, y cómo nos ha sanado. Al pueblo de Israel les recuerda los milagros que experimentaron en el desierto para fortalecer su fe y guardar sus corazones.

> *Dios dio órdenes a las nubes y abrió las puertas del cielo; ¡hizo llover sobre su pueblo el maná, trigo del cielo, para que comieran! ¡El hombre comió pan de ángeles! ¡Dios les dio de comer en abundancia! El viento del este y el viento del sur soplaron en el cielo; ¡Dios los trajo con su poder! Hizo llover carne sobre su pueblo; ¡llovieron aves como arena del mar! Dios las hizo caer en medio del campamento y alrededor de las tiendas de campaña. Y comieron hasta hartarse, y así Dios les cumplió su deseo.*
>
> (Salmos 78:23-29 DHH)

> *Sacó a Israel como a un rebaño de ovejas; llevó a su pueblo a través del desierto. Los llevó con paso seguro para que no tuvieran miedo, pero a sus enemigos el mar los cubrió. Dios trajo a su pueblo a su tierra santa, ¡a las montañas que él mismo conquistó!* (Salmos 78:52-54 DHH)

Este mismo inventario debemos hacerlo nosotros para recordar cada milagro que hemos visto, y que esto nos ayude a guardar nuestros corazones en Él. Recordemos todo lo que clamamos a Dios y cómo Él nos lo concedió. Todo milagro debe revelarnos a Dios, y nosotros debemos comprometernos a seguirle y amarlo con todo nuestro corazón. Si no lo hacemos, nos podría suceder lo que le ocurrió al pueblo de Israel. *No se acordaron de aquel día cuando Dios, con su poder, los salvó del enemigo.* (Salmos 78:42 DHH)

Los que aprovechan la dificultad para mejorar…

- Desarrollan sus capacidades personales.

- Saben modificar la estrategia para obtener mejores resultados.

- Siempre tienen una visión que les apasiona.

- Son conquistadores de cosas mejores.

- Se comprometen en lo que están haciendo.

- Sus vidas no son aburridas, porque se apasionan con lo que hacen.

- Saben enfrentar sus luchas internas. Superan sus dudas y temores, y ponen su confianza en Dios.

- En cada circunstancia ven oportunidades para mejorar, superarse y reinventarse.

- Admiten sus defectos con naturalidad.

- Aprenden a leerse a ellos mismos con claridad.

- Aprenden con facilidad porque tienen hambre por crecer.

- Tienen un espíritu educable.

Cuando enfrentamos la adversidad con valor y confianza en Dios, obtenemos grandes beneficios:

- Nos acercamos más a Dios.

- Mejoramos nuestra productividad.

- Nos volvemos más innovadores.

- Somos más compasivos con los que sufren.

- Nuestro carácter se fortalece.

- Vivimos nuevas experiencias.

- Descubrimos amigos del corazón.

Si deseamos superarnos y enfrentar la adversidad con valentía, debemos tener un propósito que nos inspire, nos motive y dirija nuestros actos. Hay que eliminar las excusas, porque estas nos distraen. Debemos perseverar hasta el final, porque solo perseverando llegamos a la meta propuesta. Debemos tener determinación, ser valientes y confiar en que si Dios ha permitido lo que estamos enfrentando, nos ha dado la fortaleza suficiente para llegar al final del camino.

Ante las circunstancias difíciles, debemos fijar la mirada en Dios y aprender de la experiencia, mantenernos caminando hacia la meta propuesta, creer en la promesa que Dios nos ha dado, apreciar cada logro y celebrarlo, seguir la estrategia que nos hemos propuesto y agradecer a Dios por cada milagro.

Muchas de las grandes empresas han surgido de las cenizas, porque no hay resurrección sin cruz.

En medio del dolor Jesús se revela a sí mismo como la fuente de vida y esperanza, como el dador de la eternidad y como el refugio de paz.

> *Señor, ten compasión de nosotros; pues en ti esperamos.*
> *Sé nuestra fortaleza cada mañana, nuestra salvación en*
> *tiempos de angustia.* (Isaías 33:2)

Levántese, vuelva a intentarlo y siga avanzando. Sueñe, viva un día a la vez, y siga caminando, porque solo llega el que camina.

8

LA GRATITUD, UN ESTILO DE VIDA

Con cánticos alabaré el nombre de Dios;
con acción de gracias lo exaltaré.
(Salmos 69:30)

La gratitud es una virtud que hace grande a quien lo vive, nos permite valorar lo que tenemos y soltar lo que ya no existe.

Cuando un atleta compite y gana, lo primero que hace es volver a ver a su entrenador para celebrar la victoria: "Lo logramos, valió la pena el esfuerzo, la disciplina, las madrugadas, el cansancio extremo, el sacrificio y la perseverancia". Pero en la vida familiar, empresarial, ministerial y académica, son pocas las personas que se devuelven en el camino para agradecer a sus mentores y a quienes le dieron la mano para que alcanzara el éxito deseado. Y muy pocos son los que miran al cielo para agradecer a Dios por el triunfo obtenido o el milagro recibido. Nos toca a nosotros hacerlo diferente. Por eso le sugiero agradecer a quienes le han dado la oportunidad de crecer, a quienes le inspiraron, y a quienes creyeron en usted.

Siempre me ha impactado lo fácil que es olvidar los regalos maravillosos que Dios nos da. Observemos el momento en que Jesús sana a diez leprosos.

> Un día, siguiendo su viaje a Jerusalén, Jesús pasaba por Samaria y Galilea. Cuando estaba por entrar en un pueblo, salieron a su encuentro diez hombres enfermos de lepra. Como se habían quedado a cierta distancia, gritaron: —¡Jesús, Maestro, ¡ten compasión de nosotros!
>
> Al verlos, les dijo: —Vayan a presentarse a los sacerdotes. Resultó que, mientras iban de camino, quedaron limpios. **<u>Uno</u> de ellos, al verse ya sano, regresó alabando a Dios a grandes voces. Cayó rostro en tierra a los pies de Jesús y le dio las gracias,** no obstante que era samaritano.
>
> —¿Acaso no quedaron limpios los diez? —preguntó Jesús—. ¿Dónde están los otros nueve? ¿No hubo ninguno que regresara a dar gloria a Dios, excepto este extranjero? Levántate y vete —le dijo al hombre—; tu fe te ha sanado.
>
> (Lucas 17:11-19)

Quien tenía lepra era expulsado de la comunidad, vivía marginado, y la angustia se apoderaba de él porque sabía que no había cura para su padecimiento. Cuando ellos le gritan a Jesús que tuviera misericordia de ellos, el Señor les da una simple instrucción: *"Vayan a presentarse ante los sacerdotes"*, así lo hicieron y recibieron la sanidad. No habían llegado al destino señalado, y ya habían visto el milagro que suplicaron a Jesús. Su piel se restaura, sus nervios vuelven a sentir y la vida cobra significado. Pero de todos ellos, solo uno pudo reconocer que sus ojos habían visto al Salvador del mundo, y regresó para dar gracias.

Ante esta realidad, Jesús pregunta por los otros nueve. ¿No pudieron regresar para dar gracias? ¿Acaso no era dolorosa la situación que vivían? Si recibieron uno de los milagros más grandes que se puede experimentar como es una sanidad, ¿por qué no regresaron para dar gracias a quien realizó el milagro? Así de rápido olvidamos lo que hemos recibido de parte de Dios, porque estamos acostumbrados a vivir por emociones y no por convicciones. Esto hace que no podamos vivir el verdadero milagro, que es reconocer que lo que hemos recibido ha venido del dador de la vida: de Dios.

Es fácil suplicar a Dios cuando estamos viviendo momentos difíciles y crisis profundas, pero es muy difícil reconocerlo cuando hemos recibido el milagro, porque nuestras emociones nos dominan y estas olvidan rápidamente.

El samaritano recibe el milagro más grande de su vida. Su alma vivirá para siempre porque reconoció a Jesús como su salvador personal.

Los éxitos humanos son circunstanciales, pero el milagro más grande consiste en mantener intacta la capacidad de asombro y reconocer que nuestros ojos han visto a Dios mientras hemos caminado por la vida. Así lo expresa el salmista: *Te damos gracias, oh Dios, te damos gracias e invocamos tu nombre; ¡todos hablan de tus obras portentosas!* (Salmos 75:1)

SIGNIFICADO DE LA GRATITUD

La gratitud es el sentimiento que se experimenta cuando una persona estima el favor recibido, el beneficio o el servicio que alguien le ha dado. Es una forma de corresponder a ese favor. La gratitud se expresa con palabras, obsequios, detalles, amabilidad, afecto, y de cualquier forma que nos permita hacer sentir valorada a la otra persona. Ser agradecido es un sentimiento, y se traduce en una acción.

La gratitud es una de las características más nobles que pueden identificar a las personas. Es una virtud que todos debemos desarrollar porque nos acerca a los demás, y hace más agradable la convivencia. Una vez que se ha convertido en un estilo de vida porque se convirtió en un hábito, la gratitud transforma a la persona en alguien generoso que aprecia hasta el más pequeño detalle.

La gratitud solo surge de un corazón humilde, y suele alcanzarse cuando hemos desarrollado la habilidad de observar, de reconocer y de apreciar. Cuando tenemos un corazón sano, nos es más fácil apreciar el gesto amable de un extraño, la llamada de un amigo y la sonrisa de un niño.

Un corazón agradecido no olvida ninguno de los beneficios que Dios le ha dado.

La gratitud nos permite reconocer el amor, la bondad y los favores que vienen de la mano de Dios. Ser agradecido rejuvenece, renueva las fuerzas, devuelve la alegría al corazón y tiende puentes para encontrarnos con los que amamos y comparten el recorrido de la vida con nosotros.

Un corazón agradecido les otorga sentimientos nobles a las demás personas y protege nuestras emociones de la amargura, el resentimiento y la envidia. Una persona agradecida siempre está satisfecha, porque ha aprendido a vivir con alegría en cualquier circunstancia. Tal y como lo expresa el salmista: *Enséñanos a contar bien nuestros días, para que nuestro corazón adquiera sabiduría.* (Salmos 90:12)

Normalmente una persona agradecida ha enfrentado dificultades que le permiten ver la vida desde otra óptica y desprende de su interior la más noble de las emociones humanas. Es por eso que debemos aprender a vivir con gratitud, tanto en la abundancia como en la escasez. Es valorar cuando se tiene mucho como cuando también se tiene poco, y apreciar la generosidad de las personas.

No se necesita tener mucho para ser agradecido, solo se requiere un corazón humilde y sensible. La gratitud nos convierte en personas más compasivas y bondadosas.

Una persona agradecida normalmente es alguien positiva, experimenta una profunda paz, no tiene altas expectativas de las personas, presenta sus necesidades delante de Dios, y aprende a apreciar hasta el más pequeño detalle.

Debemos dar gracias siempre, y lo debemos convertir en un hábito, y en un estilo de vida.

La gratitud tiene un poder maravilloso en las personas y expresa respeto, aprecio, alegría y realización. La gratitud propicia un ambiente familiar más feliz, relajado y agradable.

Es fundamental que seamos siempre agradecidos, que demos gracias por todo y a todos, porque da valor a la vida y sentido a lo que hacemos y tenemos. La gratitud es un hábito que debe estar siempre presente en medio de la familia, porque una familia agradecida valora como incalculable aquello que se tiene.

Una familia sin gratitud y bondad es aquella que está propensa a un clima de hostilidad, demanda y conflicto, donde se dan órdenes, se reprime constantemente, se exige, y en la que sus miembros se valoran muy poco. En un hogar sin gratitud hay enojo, decepción y dolor; pero al hacer prevalecer la gratitud, surge la posibilidad de trabajar en equipo más fácilmente, la comunicación es agradable y hay más aprecio. Pablo nos invita a ser personas alegres, y lo logramos cuando somos agradecidos con Dios:

Alégrense siempre en el Señor. Insisto: ¡Alégrense! Que su amabilidad sea evidente a todos. El Señor está cerca. No se inquieten por nada; más bien, en toda ocasión, con oración y ruego, presenten sus peticiones a Dios y denle

gracias. Y la paz de Dios, que sobrepasa todo entendi-
miento, cuidará sus corazones y sus pensamientos en
Cristo Jesús. (Filipenses 4:4-7)

Pablo nos dice que si enfrentamos una crisis y vivimos momentos difíciles, presentemos nuestras peticiones a Dios en oración y, sin haber recibido aun la respuesta, le demos gracias. Poner nuestra confianza en Dios nos hace ser agradecidos y produce en nosotros una profunda paz.

Es poner nuestra confianza en Dios y tener un corazón agradecido lo que nos permite estar alegres siempre. No nos está diciendo que sea fácil o automático, nos está mostrando el camino para tener un corazón alegre y agradecido. Por eso, nuestro pensamiento debe enfocarse en que nuestra vida depende de Dios, y nuestra confianza descansará en las promesas que nos ha dado. Para lograr esta paz, debemos alimentarnos del mensaje correcto, del ejemplo que nos inspire y de la determinación de que seremos encontrados en Dios.

1. ¿Qué nos impide ser agradecidos?

+ Creer que las personas están en deuda con nosotros.

+ Creer que los demás tienen la culpa de cómo nos sentimos.

+ El orgullo.

+ La vanidad.

+ El egocentrismo.

+ La amargura.

La gratitud en el hogar surge cuando las personas en autoridad lo viven y lo transmiten de forma natural a quienes integran el grupo familiar.

Lo opuesto a agradecer es reclamar, imponer, exigir y demandar; esto produce falta de aprecio por aquello que se tiene, e incluso por quienes están cerca de nosotros. De esta manera, la vida se vuelve insípida, sin sentido, nada está bien y nada nos satisface.

La gratitud hace que lo pequeño sea grande y lo que hay sea suficiente. No tenemos otro camino, nacimos para ser agradecidos con Dios y con las personas que amamos.

Sin embargo, esto no significa desconocimiento o insensibilidad a los momentos difíciles, de dolor o de sufrimiento que podamos experimentar. Tomando en cuenta las adversidades y obstáculos, se debe tener la convicción de que hay esperanza y posibilidades para vivir tiempos mejores. Aún en la oscuridad de los momentos difíciles, se debe recurrir a Dios procurando fortaleza y ánimo para salir adelante, siempre agradeciendo su amor y misericordia.

La gratitud es una emoción positiva que surge cuando nos concentramos en las cosas buenas y trascendentes de la vida, y en el lado positivo de la experiencia. Para ser agradecidos tenemos que detenernos para contemplar, apreciar y valorar lo que nos rodea, las personas y los detalles. Para lograrlo se requiere tener la actitud correcta.

Ser consciente de lo que nos ocurre y tomar un momento para reflexionar sobre lo que estamos experimentando es lo que nos permite ser agradecidos y sentirnos afortunados por lo que somos, vivimos y tenemos.

2. ¿Es importante ser agradecidos?

Es indispensable ser agradecido, porque es lo que permite que la convivencia sea agradable. Sentirnos agradecidos produce un impacto positivo en nosotros, nos hace sentir bien, produce emociones positivas, y esto ha demostrado que trae salud emocional, espiritual y física a quien lo vive.

La gratitud permite que se vean oportunidades en lugar de obstáculos, y nos permite experimentar cercanía con las personas. La gratitud hace que se aprenda más de cada experiencia y registremos el evento como algo positivo, en lugar de que se vea como algo ordinario y común. Esta virtud nos ayuda a desarrollar una mayor capacidad de análisis y asimilamos más fácilmente la información que recibimos.

Las personas agradecidas tienden a ser más felices, experimentan menos depresión y manejan mejor el estrés.

La falta de gratitud produce decepción y desánimo. La única forma de contrarrestar las actitudes negativas es siendo agradecido. Cuando nos sentimos agradecidos facilitamos que surjan pensamientos positivos, nos sentimos más tranquilos y experimentamos un grado mayor de satisfacción.

La gratitud nos permite sentir alegría, felicidad y sentido de plenitud. Cuando somos agradecidos nos convertimos en personas más amables, y a la vez inspiramos esto mismo en los que nos rodean, lo que genera un ambiente más placentero para todos.

La gratitud nos permite tener relaciones más saludables, porque en lugar de demandar, exigir y reclamar, tenemos la disposición de solicitarlo con gentileza. Lo que genera reconocimiento, aprecio, confianza y cariño. Definitivamente la gratitud nos acerca a los demás.

Cuando convertimos la gratitud en un hábito, aumenta nuestra capacidad de apreciar las cosas buenas de la vida porque nos permite enfocarnos en lo positivo y eleva nuestro ánimo.

3. ¿Cómo desarrollar el hábito de la gratitud?

Hay personas que tienen una tendencia natural a ser agradecidos, pero hay momentos donde todos debemos esforzarnos para lograrlo.

Debemos desarrollar el hábito de expresar gratitud. Hay momentos donde surge naturalmente porque tenemos buen ánimo, pero si deseamos convertir la gratitud en un hábito, debemos trabajarlo cada día. Para lograrlo, encuentre razones para ser agradecido, elabore una lista de por qué ser agradecido, tome la iniciativa, lleve un diario de gratitud. Hacer estas cosas van a facilitar que la gratitud se convierta en un hábito.

Preste atención a las cosas que le ocurren, diariamente haga un repaso de los privilegios que ha tenido y decida expresar gratitud siempre.

Baje el ritmo, esto le permite observar mejor, apreciar, y ser más consciente de lo que está experimentando. Por ejemplo: "el sol brilla y el cielo está azul". "La lluvia cae y los campos están verdes". "Tenemos paz y libertad". "Tengo trabajo". "Tengo una casa en la cual vivir". "El agua llega hasta mi casa". "Mis amigos me han acompañado por años y juntos hemos visto nuestros sueños convertirse en realidad". "Disfruto pasear al perro". "El árbol que sembré ha dado los primeros frutos". "Hoy papá salió del hospital y se recupera". "El dolor que tenía ya no está". "Hoy pude caminar de nuevo". "Puedo sentir, ver, hablar, gustar, cantar, reír, amar, correr...". Cuando nos detenemos para ser agradecidos, encontraremos mil razones para estarlo.

Tomar conciencia de lo que estamos viviendo, apreciar los privilegios que tenemos, y expresar agradecimiento a las personas, es lo que nos permite convertir la gratitud en un estilo de vida. La gratitud genera un buen estado de ánimo, y es razón suficiente para convertirla en un hábito.

La vida cobra sentido cuando somos agradecidos, por eso es importante llevar una lista, o bien un diario de las razones que tiene para estar agradecido. Esto requiere disciplina, pero le permitirá ser más consciente de todo lo que vive y experimenta.

Escriba diariamente por lo menos cinco cosas por las cuales se siente agradecido. Posiblemente al inicio no surjan fácilmente, pero conforme convierte la gratitud en un hábito, descubrirá mil razones por las cuales estarlo. Se puede inspirar en la naturaleza, su familia, el trabajo, su país, lo pequeño, lo grande, los amigos, sus características físicas, las oportunidades que tiene, su casa, el logro de sus padres, el lugar donde estudia, su edad, etcétera. Conforme pasan los días descubrirá más motivos para estar agradecido.

Si convertimos la gratitud en un hábito, dejaremos de creer que las personas están obligadas a hacer lo que hacen, y nos daremos cuenta de que lo que recibimos de ellos es una expresión de amor y aprecio.

Transformar la gratitud en un estilo de vida produce esperanza, optimismo y deseos de vivir. Las personas agradecidas son más felices y tienen mejores índices de salud.

Si la gratitud se ejercita diariamente se convierte en algo natural, y sin darnos cuenta nos veremos valorando la vida y apreciando a las personas.

La gratitud nos permite hablar en positivo, reconocer las virtudes de los demás, apreciar las oportunidades y amar más fácilmente. No se trata de ignorar las pruebas o momentos difíciles que todos experimentamos, sino que, aún en esas circunstancias, una actitud positiva, de esperanza y de gratitud, nos ayuda a superar los obstáculos y a no quedar permanentemente dañados por lo que hemos experimentado.

Las personas que agradecen y valoran a los demás, son más alegres y se sienten mejor con ellos mismos.

Ser agradecido es algo personal, por lo tanto, no depende de lo que los demás hagan o no hagan, digan o no digan. Somos agradecidos porque decidimos serlo. Así lo expresó el salmista:

Aclamen alegres al Señor, habitantes de toda la tierra; adoren al Señor con regocijo. Preséntense ante él con cánticos de júbilo. Reconozcan que el Señor es Dios; él nos hizo, y somos suyos. Somos su pueblo, ovejas de su prado. Entren por sus puertas con acción de gracias; vengan a sus atrios con himnos de alabanza; denle gracias, alaben su nombre. Porque el Señor es bueno y su gran amor es eterno; su fidelidad permanece para siempre.
(Salmos 100)

Bendeciré al Señor en todo tiempo; mis labios siempre lo alabarán. (Salmos 34:1)

¡Por siempre nos gloriaremos en Dios! ¡Por siempre alabaremos tu nombre! (Salmos 44:8)

Bendito sea el Señor, que ha oído mi voz suplicante. El Señor es mi fuerza y mi escudo; mi corazón en él confía; de él recibo ayuda. Mi corazón salta de alegría, y con cánticos le daré gracias. (Salmos 28:6-7)

Una forma de expresar nuestra gratitud a Dios, es hacerlo con cánticos de alabanza. Así abrimos nuestro corazón y reconocemos que Él ha tenido cuidado de nosotros, nos ha fortalecido y ha renovado nuestras fuerzas.

Señor mi Dios, con todo el corazón te alabaré, y por siempre glorificaré tu nombre. (Salmos 86:12)

9

VIVAMOS BIEN

Vivir bien significa establecer relaciones saludables con uno mismo, con su creador y con nuestros semejantes. Principalmente significa tener paz interior, armonía con el entorno y relaciones satisfactorias. La pregunta que surge es ¿cómo lograrlo? Reduciendo el ritmo para poder disfrutar la lluvia caer, el abrazo de un hijo y la caricia de un abuelo. No significa ausencia de problemas, porque no hay día sin noche.

Viven bien los que tienen una conciencia tranquila. Los que abrazan los principios universales de la sana convivencia con los demás.

Hoy corremos tanto que "no tenemos tiempo ni de enfermarnos", dijo un amigo; y terminó postrado en una cama por una enfermedad terminal. Y fue en esa cama que comenzó a vivir, porque se dio cuenta que respiraba, que contaba con amigos de verdad, con el amor de una esposa maravillosa y con el abrazo de un hijo que lo admiraba.

Vivir bien no lo determina cuánto salario gano, dónde vivo, o en qué lugar estudian mis hijos. Lo determina cuánto valoro lo que tengo, cuánto disfruto el amor de los que amo, cuánto tiempo invierto en compartir con mis amigos. Cuánto aprecio mi trabajo, cuánta pasión inyecto a lo que vivo. Cuán provechosas son las relaciones con mis semejantes. Cuán integrado estoy a la comunidad que pertenezco.

Vivo bien cuando me doy la libertad de interpretar mi pasado correctamente, entendiendo que a él solo se regresa para inspirarnos, para soltar lo que nos dolió y ya no existe, y dar gracias a Dios por lo que hemos vivido. Se logra perdonando a quienes nos lastimaron, a quienes nos abandonaron, y valorando a quienes hoy están con nosotros, a quienes nos recibieron y nos dieron una mano. Esto me permite tener relaciones satisfactorias con los que hoy me rodean, con mi comunidad y con mi entorno.

Vivir bien es desarrollar la habilidad de buscar el bien común, es renunciar al machismo que lastima, usa y desecha; es saber que abrimos camino para que otros pasen; porque lo intentemos o no, siempre habrá alguien que se inspira en lo que hacemos.

Vivir bien es tener equilibrio en la vida, lo que provee bienestar a las emociones. Es no dejarnos dominar por las bajas pasiones que nos arrancan ira, desesperanza y frustración. Es la capacidad de levantarse cuantas veces hayamos caído; es perseverar, aunque la noche se haya extendido. Es saber que caminando llegaremos. Es permanecer serenos ante los desafíos, tener alegría de vivir, y armonía con uno mismo y con el mundo que nos rodea. Sin este equilibrio no hay paz interior.

Vivir bien lo otorga la capacidad de resolver satisfactoriamente los conflictos. Es la habilidad de respetar la opinión de los demás, de generar el espacio para diferir, y de pedir perdón si ofendí; de saber que la vida tiene varios colores y formas de ser interpretada. Se vive bien cuando se adopta una actitud madura ante la vida y renunciamos al capricho demandante.

Vivo bien cuando hago las paces conmigo mismo y elijo tener equilibrio con mi entorno y con los demás, aunque no los comprenda. Vivo bien cuando me descubro a mí mismo, y elijo amarme tal cual soy. Entonces, y solo entonces, seré capaz de amar a los demás con gestos de cooperación y una actitud generosa.

Tenemos salud mental cuando estamos en armonía con Dios, con nosotros mismos y con las personas que nos rodean. Todos deseamos tener salud mental, porque nos proporciona paz interior, relaciones saludables y deseos de vivir. Es entonces que el día tiene color y la noche es tranquila, el sueño sustenta y el amanecer nos sorprende con una gran ilusión.

La armonía con Dios la encuentro cuando me reconcilio con Él, y le pido perdón por mis errores. Es lo que me permite cambiar mi actitud ante la vida.

La armonía con nosotros mismos la conseguimos cuando nos damos la oportunidad de dejar de ver tanto hacia fuera y nos detenemos para enriquecer nuestro diálogo interno. Eso que me permite reconocer quién soy y cuánto valgo. Hoy hay tanto ruido y distracción que nos conocemos poco y nos valoramos menos.

En el camino nos hirieron con sobrenombres que nos descalificaron, comparaciones que nos lastimaron. En algún momento de la vida debemos detenernos para decir: "¡Basta ya!". Dejaré de lastimarme y me daré la oportunidad de valorar la persona que soy. "Basta ya de criticarme"; a partir de hoy hablaré bien de mí mismo y de las personas que me rodean, me concentraré en desarrollar mis virtudes, dejaré de contemplar lo que no hago bien, aplaudiré cada éxito que tenga y lo celebraré en grande. "¡Basta ya de lamentos!". Comenzaré a dar gracias a Dios por todo lo que soy y lo que tengo. Daré gracias por todo, y sé que entonces la vida tendrá sentido y volverá a tener color.

Vivir bien no puede depender de los demás ni de las circunstancias; a partir de hoy reconozco que es mi responsabilidad y de nadie más. No dejaré que el decir de los demás me lastime, ni que las circunstancias dicten cómo debo sentirme. A partir de hoy elijo vivir con intensidad todo lo que soy y lo que tengo. Miraré el mañana con esperanza y soltaré el pasado que me lastima. Esa es mi elección.

La armonía con los demás no la determina el que le caiga bien a todos, ni siquiera que me aprecien, es consecuencia de saber valorar las diferencias, de mantener la distancia correcta, de concentrarme en las virtudes que identifican a quienes me rodean, de perdonar sus errores, y de nunca dejar que el agravio se convierta en amargura. Lo determina la capacidad de soltar a quienes han partido, o bien a quienes nos han abandonado. Es la capacidad de amar a quien me aprecia, y de perdonar a quien me lastima.

Mientras un amigo se casaba, pronunció unas palabras a su amada, cargadas de sabiduría. Él dijo: "Te amaré, porque en tanto lo haga, me acercaré más a Dios y seré feliz; y amaré a Dios, porque en tanto le ame, más te amaré". En esta frase se expresa uno de los secretos más profundos para determinarnos a vivir a plenitud la vida: elegir amar a quien tengo que amar, decidir vivir en la dirección correcta y elegir tener armonía con lo que soy y lo que tengo.

Ha llegado el momento de levantar vuelo. Suelte el pasado que no regresa, suelte a las personas que ya partieron.

Vivir bien no significa llevarse bien con todo el mundo, es reconocer que la vida es así, hay quienes nos aprecian, y hay quienes nos rechazan.

EL DON DE DISFRUTAR LA VIDA

La vida es de sombras y contrastes. Se requiere más que el estudio, el trabajo, los grandes proyectos, las riquezas y las posesiones materiales, para alcanzar la felicidad y la plenitud que todos anhelamos. Necesitamos el don de disfrutar la vida para darle sentido a cada momento y circunstancia.

Todos los seres humanos, buenos o malos, justos o injustos, experimentamos frustración, dolor y desencanto; sin embargo, la vida tiene sentido cuando incluimos a Dios en la ecuación de nuestra existencia y Él nos otorga el don de disfrutar la vida. Sin Dios, la vida no tiene ningún sentido ni significado.

*Nada hay mejor para el hombre que comer y beber, y llegar a disfrutar de sus afanes. **He visto que también esto proviene de Dios, porque ¿quién puede comer y alegrarse, si no es por Dios?*** (Eclesiastés 2:24-25)

*Yo sé que nada hay mejor para el hombre que alegrarse y hacer el bien mientras viva; y sé también que **es un don de Dios que el hombre coma o beba y disfrute de todos sus afanes**. Sé además que todo lo que Dios ha hecho permanece para siempre; que no hay nada que añadirle ni quitarle; y que Dios lo hizo así para que se le tema.*

(Eclesiastés 3:12-14)

ACERCA DEL AUTOR

Sixto Porras, vicepresidente de Ministerios Hispanos para Enfoque a la Familia, produce programas radiales y televisivos difundidos en más de 38 países. Es consultado sobre temas de familia, de manera frecuente, por noticieros, periódicos, revistas y otros medios de comunicación en diversos países de América Latina. Ha impartido conferencias sobre el mismo tema y el desarrollo social en todos los países de habla hispana, en Australia, Bélgica y Francia, en muchas ocasiones invitado por los gobiernos. Es asesor ad-honorem de varios congresos de América Latina.

Ha sido invitado a disertar en el Congreso de Nicaragua, Honduras, la Comisión de Salud del Senado de la República Oriental de Uruguay, la Comisión de Familia del Congreso de la República de El Salvador y la Comisión de Niñez, Juventud y Familia del Congreso de Costa Rica. Además, ha sido conferencista ante las Misiones Diplomáticas de América Latina acreditadas en la Organización de las Naciones Unidas (ONU) en Nueva York.

La Comisión Nacional de Valores de Costa Rica le otorgó el Premio Nacional de Valores por su labor a favor de la familia. El Congreso de la República de Perú le otorgó un reconocimiento por su aporte a este país. El Senado de Puerto Rico le dio un reconocimiento por su trayectoria de servicio a favor de la familia.

Es autor de los libros: *Hijos exitosos, El lenguaje del perdón, Cree en ti, Cómo amarme y amar a los demás, El arte de perdonar (Devocional de 90 días), Con sentido de destino y Elige sabiamente en el amor,* entre muchos otros.

Sixto Porras y su esposa Helen han estado casados por más de 35 años. Son padres de Daniel y Esteban, y abuelos de Emiliano, Mateo y Eva.

https://www.enfoquealafamilia.com/sixto-porras/

https://www.facebook.com/sixtoenfoquealafamilia

instagram.com/sixtoenfoquealafamilia/?hl=en

https://twitter.com/sixtoporras?lang=en

YouTube/Sixto Porras